Von Adam bis Apokalypse
Biblische Überraschungen

D1725148

Christfried Böttrich / Martin Rösel

Von Adam bis Apokalypse

Biblische Überraschungen

EVANGELISCHE VERLAGSANSTALT
Leipzig

Die Deutsche Bibliothek – Bibliographische Information

Die Deutsche Bibliothek verzeichnet diese Publikation in der Deutschen Nationalbibliographie; detaillierte bibliographische Daten sind im Internet über <http://dnb.ddb.de> abrufbar.

© 2003 by Evangelische Verlagsanstalt GmbH, Leipzig
Printed in Germany • H 6853
Alle Rechte vorbehalten
Cover: Friedrich Lux
Satz: Evangelische Verlagsanstalt GmbH
Druck und Binden: druckhaus köthen GmbH

ISBN 3-374-02107-7
www.eva-leipzig.de

Vorwort

Die Bibel – ein unbekanntes Buch? Kaum ein Werk der Weltliteratur ist öfter aufgelegt, übersetzt, illustriert, vertont, erforscht, kommentiert und verbreitet worden als die Bibel. Und doch scheint es mit ihrer Kenntnis nicht gut bestellt zu sein. Man kennt diesen Weltbestseller zwar von außen und stößt beständig auf seine Spuren – zumindest in der abendländischen Kultur. Aber was genau steht da eigentlich über die Weltschöpfung? Wie war das doch gleich mit der Flutgeschichte? Hat Jesus nicht dem Teufel mit Bibelworten Paroli geboten? Ist Paulus für seine Zeitgenossen wirklich der große Prediger gewesen? Gibt es im Alten Testament nicht ziemlich viel Gewalt? Wie soll man sich ein Neues Jerusalem vorstellen? Die Bibel enthält eine Fülle von Geschichten, Sprüchen, Themen und Visionen, die nachzulesen sich immer wieder lohnt und die immer wieder neu überraschen. Denn das »Buch der Bücher« ist nie ausgelesen. Bekanntes und Entlegenes stehen oft dichter beieinander, als man denkt. Und selbst die scheinbar vertrauten Texte lesen sich in einem neuen Licht, wenn sie mit archäologischen oder literarischen Einsichten verbunden werden. Beides – der Blick für die großen Themen wie die Aufmerksamkeit für die unbeachteten Details – gehören bei der Lektüre zusammen.

Ein Buch wie die Bibel wird allerdings selten von Deckel zu Deckel gelesen. Wir haben uns daran gewöhnt, der Bibel vor allem ausschnittweise zu begegnen. Diesem Trend folgt auch unser Buch. Es ist in kleine und überschaubare Kapitel eingeteilt, in denen verschiedene biblische »Überraschungen« vorgestellt werden. Man braucht nicht viel Zeit, um sie zu lesen: Lektüre für

»zwischendurch«. Die Kapitel sind so angeordnet, dass ein gemeinsames Thema einmal aus der Perspektive des Alten, ein andermal aus der Perspektive des Neuen Testamentes betrachtet wird.

Vollständigkeit ist nicht beabsichtigt. Entdeckungen haben es ja an sich, dass sie vom Augenblick und von der Lust am Gegenstand geleitet werden. So ist auch dieses Buch entstanden. Es begann mit einer Serie von Artikeln, die Martin Rösel in der Mecklenburgischen Kirchenzeitung unter dem Titel »Neues aus dem Alten Testament« veröffentlicht hatte. Angeregt von interessierten Leserzuschriften entstand die Idee, diese Artikelreihe auszubauen und in Buchform zusammenzufassen. Die neutestamentlichen Kapitel hat Christfried Böttrich geschrieben. Bilder illustrieren die Entstehungszeit oder die Wirkungsgeschichte der biblischen Texte.

Bibelzitate werden in eigener Übersetzung durch die Autoren geboten – das macht sie gelegentlich fremd, zugleich aber auch neu und interessant. Für die Abkürzung der biblischen Bücher findet sich eine Liste am Schluss des Bandes.

Die biblischen Autoren wollten ihre Schriften im Ganzen gelesen sehen. Sollten die »Biblischen Überraschungen« dazu verlocken, die Bibel selbst zur Hand zu nehmen – dann wäre ihr Ziel erreicht! Für diesen Fall stehen am Schluss noch einige Hinweise, die einer leichten Orientierung bei der weiteren Lektüre dienen. Unsere Absicht lässt sich kaum besser in Worte fassen, als es im 2. Makkabäerbuch 2,25 bereits geschehen ist: »So nahmen wir uns vor, die, die gern lesen, zu unterhalten, denen, die mit Eifer auswendig lernen, zu helfen, allen aber, die das Buch auf irgendeine Weise in die Hand bekommen, zu nützen.«

Juni 2003, Martin Rösel / Christfried Böttrich

Inhalt

1. Schöpfung und Neuschöpfung

»Und siehe, es war sehr gut!«

Warum Israel von der Schöpfung erzählt

Die Bibel beginnt mit einem Paukenschlag: »Am Anfang schuf Gott den Himmel und die Erde« Punkt. Ein Satz, der noch heute Anstoß erregen kann, denn vielen Menschen ist die Schöpfungsaussage höchst zweifelhaft und gilt ihnen seit Darwins Evolutionslehre als überholt. Menschen, die noch daran glauben, lassen sich leicht als hoffnungslos rückständig bezeichnen. Gleichzeitig wird aber das Wort ›Schöpfung‹ in einem positiven Sinne häufig sogar außerhalb der Kirchen verwendet – vor allem in Gesprächszusammenhängen, in denen es um Ökologie geht. Die Bibel Israels hat also ein zwiespältiges Erbe hinterlassen.

Schaut man sich die biblischen Texte daraufhin etwas genauer an, wird das Bild bunter und vielschichtiger. Es ist nämlich nicht so, dass einfach von *der* Schöpfung berichtet würde, nein, die Bibel enthält eine Vielzahl von Schöpfungsüberlieferungen: Sie setzt ein mit dem bekannten Bericht im 1. Buch Mose, Kapitel 1 (Das Buch heißt daher auch: ›Genesis‹ = Entstehung): Hier wird in präziser Abfolge berichtet, wie Gott in sechs Tagen Himmel und Erde geschaffen habe, Meere, Sterne, Pflanzen, Tiere und Menschen. Die Krone der Schöpfung ist nicht der Mensch – obgleich er als Gottes Ebenbild eine besondere Verantwortung als Stellvertreter Gottes, als Schützer und Bewahrer der Erde erhält.

Nein, der Höhepunkt ist der siebte Tag, der Sabbat. Auch wenn Gott schon vorher alles als ›sehr gut‹ bezeichnet hat – erst der Sabbat vollendet die Schöpfung: Dieser Zeit-Raum verbindet himmlische und irdische Welt, weil hier Gott und Menschheit zur Ruhe (hebräisch: *schabat*) kommen.

Nur zwei Verse später (Gen 2,5): Ein völlig anderes Bild. Es gab noch keine Sträucher, so wird berichtet, keinen Regen, keinen Menschen. Der jedoch wird dann gleich zu Beginn – nicht erst am 6. Tag – aus Lehm erschaffen. Nach ihm entstehen dann die Bäume, später die Tiere, erst am Ende die Frau aus der sprichwörtlichen Rippe des Adam. Ein zweiter Bericht von der Schöpfung also, der mit dem ersten etwa so kompatibel ist, wie Darwins Buch über die Entstehung der Arten mit den Mythen der Assyrer. Dieser zweite Schöpfungsbericht ist offenkundig älter als der erste und stammt aus einem anderen Milieu.

Doch in der Regel wird nicht wahrgenommen, dass es sich um verschiedene Texte handelt. Manchmal werden sogar die Widersprüche der beiden Texte gegeneinander ausgespielt und als Beweis dafür angesehen, dass der Bibel nicht zu trauen sei. Das aber geht an der eigentlichen Absicht vorbei. Den Schriftstellern, die aus den überlieferten Texten eine neue Einheit schufen, waren die Differenzen sicher bewusst. Ihr Verdienst besteht gerade darin, dass sie die beiden Schöpfungserzählungen nicht harmonisiert haben. So ist deutlich, dass hier kein absoluter Anspruch erhoben wird, die Wahrheit über Ablauf und Details der Weltentstehung aussagen zu wollen.

Ausgesagt wird vielmehr eine andere, umfassendere Wahrheit: Dass nämlich die Welt als Schöpfung zu begreifen ist, dass sie sinnvoll geordnet ist, dass sie ›sehr gut‹ ist. In dieses Grundverständnis lassen sich dann auch theologische Erkenntnisfortschritte integrieren:

Nach der ›Genesis‹ ist das Schöpfungswerk Gottes eine Ordnung des schon vorhandenen, ursprünglich ungeordneten Materials (»*tohuwabohu*« in Gen 1,2). Später nimmt man dann eine Schöpfung aus dem Nichts an (2Makk 7,28), und in dieser Form hat das Neue Testament den alttestamentlichen Schöpfungsglauben übernommen (Hebr 11,3).

Kampf des Wettergottes gegen den Chaos-Drachen, Assyrisches Relief, 9. Jh. v. Chr.

Daneben sind im Alten Testament auch andere Schöpfungsvorstellungen zu finden: Häufig belegt und aus der Umwelt Israels gut bekannt ist die, dass der Schöpfergott einen Kampf mit Chaosgöttern führen muss, um die Ordnung auf der Welt zu schaffen. In unserem Sprachgebrauch ist daher noch heute vom Leviatan (Ps 74,14) die Rede, wenn es um Ungeheuer geht. Interessant ist nun, dass dieser kombinierte theologische Gedankengang von Ordnung und Schöpfung offenbar nicht von Anfang an zum Glauben Israels gehörte. In den ältesten Bekenntnissen haben die Israeliten nämlich nicht den Schöpfergott gepriesen, sondern den Befreiergott, der sein Volk aus Ägypten gerettet hat, ihm das Land gegeben hat. Als aber dann der Tempel in Jerusalem zerstört worden war (587/6 v. Chr.), schien der Gott Israels den Göttern der Babylonier unterlegen zu sein. Daher pointierten die Israeliten in der Exilszeit im 6. Jh. v. Chr. die Schöpfungsaussagen: Nicht etwa Babylons Gott Marduk ist der Schöpfer, sondern: Am Anfang schuf *unser* Gott den Himmel und die Erde! So also hat der biblische Paukenschlag damals geklungen.

»Ist jemand in Christus, dann ist er eine neue Schöpfung«

Die zweite Chance?

Peter Hacks' Kommödie »Adam und Eva« (1972) endet mit einem zuversichtlich gestimmten Auszug der Ureltern aus dem Gottesgarten. Adam: »Ich bin sehr lustig, Herr. Sie lehrten uns Bitter und Süß. ... und das Paradies, es war gewonnen, als wir es verloren.« Der kleine Schritt in die Welt außerhalb des umfriedeten, behüteten Lebens ist ein großer Schritt in die Mündigkeit des Menschen. So optimistisch vermag die Bibel selbst die Geschichte freilich nicht zu erzählen. Denn mit dem Verlust des Paradieses tritt auch der Tod auf den Plan. Die Autonomie des Menschen zieht schon bald das erste Verbrechen nach sich. Und damit fällt ein langer Schatten auf die Schöpfung Gottes, die nun leider nicht mehr so ganz und gar gut ist. Lässt sich das Rad noch einmal zurückdrehen?

Die Sehnsucht nach einem Neubeginn durchzieht die ganze biblische Geschichte. Es gibt auch eine Reihe von Ansätzen. Nach der großen Flutkatastrophe sichert Gott zu: »Ich will nicht mehr vernichten ...«. Später erwählt er sich ein Volk, befreit es aus der Sklaverei, schließt mit ihm einen Bund. Als das Volk nach einem König verlangt, wie ihn die Völker ringsum haben, bedenkt er diesen seinen ›Gesalbten‹ mit großen Verheißungen. Nach dem Ende des babylonischen Exils schließlich gibt es erneut gute Vorsätze und weit reichende Hoffnungen. Aber irgendwie ist der Wurm drin. Die Auflehnung gegen Gott sitzt tiefer. Alle Neuanfänge überdauern nur für eine kurze Zeit. Kann aus dieser Schöpfung überhaupt noch etwas werden? Liegt der Grundfehler bei dem Problemfall Mensch?

Besonders bedrückend erscheint die Situation im 2. Jh. v. Chr. Israel erleidet die Fremdherrschaft der syrischen Seleukiden. Deren Religionspolitik zielt auf die konsequente Auflösung des Glaubens der Väter. Israel soll sich in die Religionsvermischung der hellenistischen Welt einfügen. Diese Erfahrung wird zur Geburtsstunde der ›Apokalyptik‹. Zwar gelingt es noch einmal, die Freiheit für ein Leben nach Gottes Gebot zu erkämpfen. Aber die Einsicht bleibt zurück: Mit den Heilszusagen wird es nichts mehr – auf dieser Erde, in dieser Weltzeit. Die Völker denken gar nicht daran, den einzigen Gott und Schöpfer der Welt anzuerkennen. Im Gegenteil, sie bedrängen sein Volk und bringen es bis an den Rand seiner Existenz. Fazit: Es bedarf einer neuen Schöpfung. Diese ›alte‹ Welt eilt ihrem Ende entgegen. Es wird immer schlimmer mit ihr. Man fragt sich nur noch: ›Wie lange?‹ Alle Hoffnung der Apokalyptiker richtet sich deshalb auf einen neuen Schöpfungsakt Gottes, der am Ende der Geschichte noch einmal von vorn beginnt. Diese Welt hat ausgespielt, an ihr ist nichts mehr zu retten. Wenn sie erst vernichtet ist, dann wird Raum und Zeit für eine neue sein. Diese ›apokalyptische< Geschichtsdeutung durchdringt allmählich – in vielfältiger Gestalt – alle ansonsten so verschiedenen Gruppen, theologischen Strömungen und Frömmigkeiten. Sie ist zur Zeit Jesu sowie zur Zeit der nachösterlichen Gemeinde ausgesprochen populär.

Vor diesem Hintergrund schreibt auch der Apostel Paulus. Aber er tut es auf eine überraschende Weise. Den Korinthern wird der Atem gestockt haben: »Ist jemand in Christus, dann ist er eine neue Schöpfung. Das Alte ist vergangen – siehe, Neues ist entstanden.« (2Kor 5,17) Jetzt schon, mitten unter den Bedingungen dieser Welt, gibt es Menschen, die eine ›neue Schöpfung‹ sind – behauptet Paulus. Der ersehnte neue Schöpfungsakt Gottes findet schon statt, bevor die ›alte‹ Welt an ihr Ende gelangt ist. Das sind starke Worte, die man sich erst einmal auf der Zunge zergehen lassen muss! Allerdings legen manche Übersetzungen noch eins drauf und schreiben: »Siehe, es ist *alles* neu geworden!« Das sagt Paulus nicht. Er gebraucht die Neutrum-Form: ›Neues‹, ›etwas Neues‹ ist entstanden. Dabei geht es nicht um Sanierung, Retusche, Ausbesserung oder Modernisierung des alten Modells, sondern wirklich um einen kreativen, schöpferischen Akt.

Im Römerbrief erklärt Paulus diesen Zusammenhang genauer. Mit der Auferstehung Jesu ist eine Art Bresche in diese vom Tod beherrschte und verdorbene Welt geschlagen – eine Schneise auf Gottes Zukunft hin. Das hat auch etwas mit allen denen zu tun, die zu Christus gehören. Christuszugehörigkeit wird in der Taufe begründet, für die Paulus deshalb die stärksten Bilder gebraucht: Getauft werden heißt, mit Christus ›mitgekreuzigt werden, mitsterben, mitbegraben werden, mitauferstehen, mitleben‹ (Röm 6,3–8). Die Taufe symbolisiert mit dem Unter- und Auftauchen im Wasser dieses Sterben und Auferwecktwerden, Bedroht- und Errettetwerden – »damit auch wir in der Neuheit des Lebens umhergehen«. Menschen werden in der Taufe natürlich nicht komplett ausgetauscht. Aber inmitten ihrer vorgeprägten Lebensgeschichte, inmitten ihrer aktuellen Lebensverhältnisse, beginnt ›etwas Neues‹. Paulus begreift das als Anteil an der Neuschöpfung Gottes in Christus. Es geht nicht nur um Sanierung. Es geht um den Einbruch der schöpferischen Kraft Gottes in diese Welt.

Neue Schöpfung, etwas Neues, Neuheit des Lebens – das sind Wendungen, die einen hohen Anspruch beinhalten. Wird er denn bei denen, die ›zu Christus gehören‹, eingelöst? Ist da nicht schon wieder der Wurm drin? Was Gott geschaffen hat, ist immer bedroht, auch seine ›neue Schöpfung‹. Sie muss bewahrt und gestaltet werden wie die ›alte‹. Aber sie bietet auch ein Kapital, mit dem sich etwas anfangen lässt. Der ›Einzug ins Paradies‹ klingt nach dem Apostel Paulus zuversichtlich und froh – optimistischer jedenfalls als der Auszug der Ureltern.

Taufe als Teilhabe an Christus, Rom, 10. Jh.

2. Schuld und Sünde

»Jenseits von Eden«

Das Paradies und sein Verlust

»Mama, warum hat die Schlange keine Beine?« In jedem Zoo kann man diese Frage hören. Und in vielen Familien: »Warum muss Papa so viel arbeiten?« Und die meisten Menschen werden schon gefragt haben: »Warum können wir nicht einfach im Paradies leben?« Hinter vielen einfachen Kinderfragen tun sich die großen Fragen der menschlichen Existenz auf; deshalb fällt es auch vielen großen Menschen schwer, diese Fragen zu beantworten.

Der zweite biblische Schöpfungsbericht, von dem eben die Rede war, versucht auf seine Weise, einfache Antworten zu geben: Die Bühne dieser Erzählung ist der Garten in Eden, den Gott pflanzt (Gen 2,8). Das hebräische Wort ›Eden‹ bedeutet übersetzt etwa: ›Wonneland‹, für damalige Hörer muss es wie ›Paradies‹ geklungen haben. Und tatsächlich hat die griechische Übersetzung den Garten dann als Paradies bezeichnet; das waren seinerzeit die fantastischen Gartenanlagen der persischen und hellenistischen Herrscher.

Inmitten dieses Wonnegartens werden zwei Bäume gepflanzt, der des Lebens und der Baum der Erkenntnis von Gut und Böse. Wer davon isst, müsse sterben, sagt Gott. Damit wird schon zu Beginn der Schöpfung erzählerisch auf das dritte Kapitel der Genesis vorausgewiesen; das spätere Unheil wird also früh angekündigt. Es ereignet sich, unmittelbar nachdem die Frau als letztes Werk geschaffen wurde. Die Schlange, das klügste der von Gott erschaffenen Tiere, bezichtigt Gott selbst der ersten Lüge der Bibel: Denn, so sagt sie der Frau, die Menschen werden nicht sterben, wenn sie vom Baum der Erkenntnis essen, sondern sie werden sein wie Gott, werden Gut und Böse kennen.

Die weitere Geschichte ist bekannt. Wichtig ist vor allem das Ende. Denn ausdrücklich wird nun auch von Gott selbst festgestellt, dass die Menschen »wie unsereiner« geworden sind, dass sie nun tatsächlich Gut und Böse unterscheiden können. In der Forschung ist nicht zufriedenstellend geklärt, was diese Erkenntnisfähigkeit bedeuten soll. Vielleicht ist das menschliche Bewusstsein gemeint, das ihn wie die Sprache von den Tieren unterscheidet. Wichtiger noch: Die Menschen dürfen weiterleben, trotz ihrer Übertretung. Von einer Todesstrafe ist keine Rede, ebensowenig von einer Erbsünde, unter der nun alle Menschen leiden.

Doch die neu gewonnene Erkenntnis ist nicht folgenlos. Die Menschen sind aus dem Zustand der Ur-Unschuld herausgetreten, sie haben sich selbst das Leben im Wonneland verwehrt. Und so können nun die Fragen beantwortet werden, von denen eingangs die Rede war: Die Schlange wird verflucht und muss daher auf dem Bauch kriechen. Die Frau wird nur unter Schmerzen Kinder gebären können, der Mann muss sein Brot im Schweiße seines Angesichts hart erarbeiten. Und die gesamte Menschheit muss künftig jenseits von Eden leben, ausserhalb des Wonnelandes. Der Weg zum Baum des Lebens ist versperrt.

Schöpfungs- und Paradieserzählung gehören demnach untrennbar zusammen. Während die eine darstellt, dass die Welt aus der Sicht Gottes ›sehr gut‹ ist, erklärt die andere, warum das menschliche Leben nicht nur

»sehr gut« ist. Beide Elemente zusammen beschreiben die Welt, wie sie sich menschlicher Erkenntnis darstellt. Diese große Geschichte will also tatsächlich auch die großen menschlichen Fragen, warum die Welt so ist, wie sie ist, auf einfache, erzählende Weise beantworten. Man sollte diese Geschichte nicht unterschätzen, indem man in ihr nur eine naive Erzählung vom Paradies, der hinterlistigen Schlange und der verführerischen Frau sieht. Alle Details der Geschichte ordnen sich nämlich ihrem Interesse am Erklären unter. Ein Beispiel: ›Adam‹ etwa ist nicht ein Eigenname, sondern der hebräische Begriff für ›Mensch‹, der mit dem Erdboden, hebräisch *adamah*, verbunden wird. Damaligen Leserinnen und Lesern war

Vertreibung aus dem Paradies und tägliche Arbeit der Menschen, Armenbibel, 15. Jh.

somit klar, dass hier nicht etwa von einem einzelnen Menschenpaar die Rede ist, sondern dass es hier um die ganze Menschheit und ihre Existenzbedingungen geht.

Ein letztes Element dieser Erzählung verdient noch Beachtung: Gott verweist die Menschen zwar aus dem Wonneland. Aber er verlässt sie nicht. Das wird erzählerisch so dargestellt, dass er selbst ihnen eine Bekleidung aus Fell anfertigt. Menschliches Leben geschieht zwar jenseits des mythischen Paradieses Eden, doch es geschieht nicht jenseits der göttlichen Zuwendung. So hat dieser theologisch-erzählerische Versuch zur Beantwortung der großen Fragen der Menschheit auch eine tröstende, seelsorgerliche Dimension.

»Sklaven der Sünde«

Kavaliersdelikt oder Verhängnis?

»Liebe Sünde« – so lautet der Name eines Erotikmagazins auf dem Privatsender Pro 7. Der Titel, süffisant und beziehungsreich gewählt, spielt mit dem gängigen Klischee eines inflationär gewordenen Begriffes. ›Sünde‹ und ›Liebe‹, genauer ›Sünde‹ und ›Sex‹, werden dabei zusammengespannt. Selbst da, wo ›Sünde‹ einmal anders als im Blick auf das Thema Nr. 1 gebraucht wird, bewegt sich der Begriff stets auf dem glatten Parkett moralischer Werturteile. Geistert da etwa im Hintergrund die Erinnerung an die biblische Geschichte vom ›Sündenfall‹ (Gen 3) herum?

Der Begriff der ›Sünde‹ wird in dieser Geschichte noch gar nicht gebraucht. Sie berichtet jedoch von der Auflehnung gegen Gott, vom Verstoß gegen sein Gebot. Damit erhält die Schöpfung, von der Gott soeben noch feststellen konnte, »dass sie gut war«, einen Defekt. Die

›paradiesische‹ Gemeinschaft mit Gott geht verloren. In beklemmender Anschaulichkeit wird diese Grunderfahrung in der Geschichte gestaltet. Gottesferne ist zu einer Realität menschlicher Existenz geworden. Und dafür steht fortan der Begriff ›Sünde‹.

Lässt sich das ›verlorene Paradies‹ wiedergewinnen? Das Alte Testament erzählt, wie sich Gott ein Volk erwählt und mit ihm einen Bund schließt. Er bietet eine neue Form der Gemeinschaft an. Er gibt seinem Volk die Tora, damit es weiß, wie es diesen Bund bewahren kann. Wer die Gebote der Tora übertritt, verletzt den Bund und trennt sich erneut von Gott. Das wird in der hebräischen Sprache durch verschiedene Begriffe ausgedrückt. Die griechische Übersetzung des Alten Testamentes bevorzugt dafür den Begriff der ›Sünde‹. Sünde ist Übertretung von Gottes Geboten, die sich in einem Leben als Vielzahl von einzelnen menschlichen Verfehlungen summieren kann.

Besonders intensiv hat Paulus über das Wesen der ›Sünde‹ nachgedacht. Für ihn wird sie zum zentralen Ausdruck von Gottesferne. Diese Gottesferne entwickelt eine solche Eigendynamik, dass er sie nur in Gestalt einer verhängnisvollen Macht beschreiben kann. In atemberaubender Dichte entwirft Paulus in seinen Briefen das Drama der menschlichen Existenz. Von Anfang an besteht eine unüberbrückbare Distanz zu Gott, in die jeder Mensch hineingeboren wird. Das ist die Ausgangssituation. In ihrer natürlichen Beschaffenheit (Paulus gebraucht dafür den Begriff ›Fleisch‹) sind alle Menschen in Gottesferne befangen, aus der sie selbst nicht heraustreten können. Paulus spricht deshalb von ›Sünde‹ immer nur in der Einzahl. Ihm geht es nicht um Moral – weder um Kavaliersdelikte noch um Verfehlungen, die vermeidbar wären oder wenigstens wieder ausgebügelt werden könnten. Alles liegt für ihn nur an dieser einen Macht, die Menschen gefangen hält und von Gott trennt. Deshalb sind alle Menschen – Juden und Nicht-juden gleichermaßen – für Paulus »Sklaven der Sünde« (Röm 6,6). Selbst der Tora, die Gottes gute Weisung ent-hält, vermag letztlich kein Mensch zu genügen. Das liegt an dieser Unfreiheit, welche die Menschen wie Sklaven zwingt, jener ›Sünde‹ genannten Macht hörig zu sein.

Sündenfall, Koberger-Bibel 1483

Es bedarf deshalb der Initiative Gottes, die sich nur als Befreiungstat verstehen lässt. Das ist für Paulus die überwältigende Erfahrung, die er mit Jesus Christus gemacht hat. Diese Befreiung führt jedoch nicht etwa in ein ›Niemandsland‹, in dem nun eine freie Wahlmög-lichkeit bestünde. Dazu ist jener Sog, der von der natür-lichen Beschaffenheit eines jeden Menschen ausgeht, zu groß. Allein durch die Bindung an Christus, die grund-legend in der Taufe hergestellt wird, kann die verhäng-nisvolle Gottesferne dauerhaft überwunden werden. In provozierender Weise behält Paulus deshalb das Bild vom Sklavenstatus bei. »Jetzt, da ihr aus der (Macht der) Sünde befreit und zu *Sklaven Gottes* geworden seid, habt ihr eure Frucht (darin), dass ihr heilig werdet. Das Ziel aber ist ewiges Leben. Denn der Lohn der Sünde ist der Tod, aber die Gabe Gottes ist ewiges Leben in Christus Jesus, unserem Herrn.« (Röm 6,22–23) ›Heilig werden‹ – damit ist eine Zielangabe formuliert, die nur durch die neue Gottesbeziehung möglich wird.

Der Begriff der ›Sünde‹ gehört folglich nicht in die Schmuddelecke später Fernsehprogramme oder reißerischer Boulevardblätter. Er verträgt keine Banalisierung oder Verharmlosung. Es geht dabei um nicht mehr und nicht weniger als um ›Tod oder Leben‹.

3. Mord und Totschlag

»Kain wird siebenmal gerächt«
Das Alte Testament als Buch der Gewalt?

Namen sind Schall und Rauch. Diese sprichwörtliche Weisheit scheint vielen Bibelleserinnen und -lesern bestätigt, wenn sie sich hebräischen Erzählungen nähern. Da begegnen schwierige Namen wie Eleasar, Machlon, Kiljon oder Gedalja, die man kaum aussprechen, geschweige denn behalten kann. Doch keiner dieser Namen ist Schall und Rauch, sondern jeder ist übersetzbar: ›Eleasar‹ etwa heißt ›Gott hat geholfen‹ und ist ein passender Name für den Ahnherrn der Jerusalemer Priester. ›Gedalja‹ bedeutet ›der Herr hat Großes getan‹ und ist eine gute Namenswahl für einen frommen Beamten Israels gewesen.

Anders die Namen ›Machlon‹ und ›Kiljon‹, die als Ehemänner im Buch Rut begegnen, denn hier lautet die Übersetzung ›Kränkelnder‹ und ›Schwindsüchtiger‹. Antike Leserinnen und Leser wussten sofort, dass es sich hierbei nicht um wirkliche Namen handeln konnte. Sie erkannten den erzählerischen Kunstgriff, das frühe Ende dieser Figuren schon in ihrem Namen anzudeuten.

Dieses Phänomen begegnet auch in einer der bekanntesten Geschichten des Alten Testaments, der von Kain und Abel. Während man ›Kain‹ heute nicht mehr übersetzen kann – er hängt wohl mit dem Volk der Keniter zusammen – ist ›Abel‹ eindeutig: Der Name bedeutet ›Vergänglichkeit‹. Wieder ein Signalname: Dieser Bruder lebt nicht lange! Und so entfaltet sich das Geschehen in der bekannten Weise: Kain erschlägt den Bruder im unbeherrschten Zorn und verleugnet dann die Tat. Im Ablauf der biblischen Urgeschichte ist damit die zwischenmenschliche Gewalt in die Welt gekommen. Kain wird folgerichtig wegen der Schwere seiner Schuld verflucht.

Dem Alten Testament wird oft vorgeworfen, ein Buch der Gewalt zu sein, sein Gottes- und Menschenbild sei von Hass und Vergeltung geprägt. Und tatsächlich, verfolgt man die Geschichte von Kain und Abel weiter, hält Gott selbst ausdrücklich fest, dass Kain siebenmal gerächt werde (Gen 4,15). Wenig später dann findet man sogar das prahlerische Lied eines Lamech (übersetzt: ›Starker Mann‹), der damit angibt, als Vergeltung für nur eine Wunde schon einen Mann zu töten, sein eigener Tod müsse 77 Mal gerächt werden. Zwei Kapitel später kann man dann sogar lesen, ein Grund für die Sintflut liege darin, dass die Erde mit Gewalttaten angefüllt sei (Gen 6,11).

Auch in anderen Erzählungen aus der Geschichte Israels ist ganz ungehemmt davon die Rede, dass Menschen Gewalt angetan wird: Bekannt ist etwa der Verkauf Josefs durch seine Brüder in Gen 37, besonders grausam die Geschichte von der Vergewaltigung Dinas und der blutigen Rache ihrer Brüder in Gen 34. Und selbst der Bereich der Religion ist betroffen, wie die Erzählung vom Gelübde des Richters Jiftach und der Opferung seiner Tochter zeigt (Ri 11).

Bevor man aber diese Geschichten zum Anlass nimmt, um das Alte Testament abzuwerten, sind zunächst die Entstehungsumstände zu berücksichtigen. Bedenkt man die Grausamkeit damaliger Feldzüge, die Härte körperlicher Strafen und den geringen Wert des einzelnen Menschenlebens, muss man folgern, dass die

Überlieferung der Bibel nicht grausamer oder gewalt-
tätiger ist, als es die Erzählungen ihrer Nachbarn sind.
Auch ist in vielen Fällen gar nicht sicher, dass die
geschilderten Gewalttaten tatsächlich so stattgefunden
haben; gerade bei den großen Mengen von Opfern in
Schlachten und Kriegen ist immer mit propagandisti-

*Ramses II. beim Schlagen der Feinde (Bestandteil der ägyptischen
Königsideologie)*

scher Übertreibung zu rechnen. Hinzu kommt schließlich, dass es im Alten Testament nicht nur die grausamen Erzählungen gibt, sondern auch Gegenstimmen: Schon die Kain-und-Abel-Geschichte hat diesen Zug, denn nachdem Gott den Kain verflucht hat, erhebt der Widerspruch: Diese Strafe sei zu schwer für ihn. Und tatsächlich: Gott stellt Kain durch das Kainsmal unter seinen Schutz; die oben zitierte Androhung siebenfacher Rache ist als Abschreckung zu verstehen. Die Gewalt ist also in der Welt, aber sie muss begrenzt werden.

Dazu dient besonders die Rechtsordnung Israels, wie sie im 5. Buch Mose entfaltet wird: Ganz Israel gilt als Bruderschaft; die Maßstäbe der Familie sollen für die ganze Gesellschaft gelten. Die Josefsgeschichte erzählt nicht nur vom Hass der Brüder, sondern erreicht ihr Ziel in der Versöhnung, die der ganzen Familie des Stammvaters das Überleben sichert. Seinen Höhepunkt erreichte dieses Denken im vierten Lied vom ›Knecht Gottes‹ (Jes 53): Die Macht dieses Geschundenen liegt eben nicht in der Gewalt, sondern wird im Leiden deutlich; er entlarvt geradezu die Machtlosigkeit der Gewalt. Es ist verständlich, dass das junge Christentum bei diesem Text in besonderer Weise an das Leiden Jesu von Nazaret erinnert war.

Das Alte Testament ist demnach kein Buch der schrankenlosen Gewalt, und es ist auch kein Buch der prinzipiellen Gewaltlosigkeit. Einfache Antworten gibt es im Umgang mit diesem heiklen Thema also nicht, damals wie heute.

»Dem, der dich auf die Wange schlägt, halte auch die andere hin!«

Pazifismus im Neuen Testament?

Um 3.35 Uhr MEZ schlugen die ersten amerikanischen Marschflugkörper in der Nähe von Bagdad ein. Der Irakkrieg – lange angekündigt und unaufhaltsam näher gerückt – hatte begonnen. Für den Einsatzbefehl zeichnete ein Präsident verantwortlich, der sich frei und offen als Christ bekennt. Immer wieder waren seine Reden von religiösen Begriffen geprägt, die einschärfen sollten: Dieser Krieg ist kein Unrecht – das ›Böse‹ darf man auch mit Gewalt bekämpfen. Viele Christen weltweit sehen das anders. Im Vorfeld des Krieges sowie bei seinem Ausbruch läuteten die Kirchenglocken. Aus Bittgottesdiensten strömten Tausende auf die Straßen der großen Städte, namentlich Europas, und bekundeten ihren Friedenswillen. »Krieg soll nach Gottes Willen nicht sein.« Können denn das noch nicht einmal die Christen untereinander klären?

Als nach wechselhaften Verfolgungszeiten die frühe Christenheit in Kaiser Konstantin (307–337) erstmals einen Herrscher fand, der ihrem Glauben wohlwollend gegenübertrat, da war es auch schon geschehen: Vor jener denkwürdigen Schlacht an der Milvischen Brücke tauschte der Kaiser die heidnischen Symbole auf den römischen Standarten gegen das Christusmonogramm aus. Der Legende zufolge soll ihm zuvor ein Kreuzeszeichen am Himmel erschienen sein, begleitet von einer Stimme: »In diesem Zeichen wirst du siegen!« Das Kreuz, einst Zeichen tiefster Erniedrigung, nun als Logo militärischen Durchsetzungsvermögens? Seither ist viel Blut geflossen – gerade im Zeichen des Kreuzes. Es dauerte noch ca. 1.600 Jahre, bis unter den Schrecken des ersten Weltkrieges der Pazifismus geboren wurde. Hätten die Christen einen konsequenten Gewaltverzicht nicht längst schon in ihrem Neuen Testament finden müssen?

Im Munde Jesu klingen die Dinge zunächst ganz einfach. »Selig sind diejenigen, die Frieden stiften.« (Mt 5, 9) Häufig übersetzen unsere Bibeln an dieser Stelle mit ›die Friedfertigen‹, aber im griechischen Text steht da wörtlich »die Frieden machenden« – also die Aktivisten im Einsatz für den Frieden. Es geht nicht um diejenigen, die sich aus allem heraushalten und niemandem zu nahe treten. Frieden stiften kann vielmehr sehr gefährlich sein und hat mit Konfliktscheu nichts zu tun. Denn Konfliktscheu kann man auch Jesus nicht nachsagen. Es wäre für ihn sicher einfach gewesen, der letzten Konfrontation in Jerusalem auszuweichen. Aber so wie sich selbst erspart er schon seinen Zuhörerinnen und Zuhörern nichts. Wer ihm nachfolgen will, muss den Bruch mit seinen Familien, soziale Entwurzelung und persönliche Kontroversen in Kauf nehmen: »Glaubt ihr, dass ich gekommen bin, um

Feldzeichen Kaiser Konstantins, Rekonstruktion

Frieden zu bringen auf Erden? Ich sage: Nein, sondern Zwietracht.« (Lk 12,51) Jesus gerät auch schon einmal in Zorn, tituliert sein Publikum ›Otternbrut‹, nennt Petrus einen ›Satan‹ oder stößt Geldwechslern im Tempelvorhof die Tische um. Klar nennt er Missstände beim Namen, anstatt sie ›um des lieben Friedens willen‹ unter den Teppich zu kehren.

Aber die Klarheit in der Sache bleibt der Gewaltlosigkeit im Handeln verpflichtet. In ›Bergpredigt‹ (Mt 5–7) und ›Feldrede‹ (Lk 6,20–49) nimmt die Aufforderung zur Feindesliebe eine zentrale Stelle ein. Und das klingt dann gar nicht mehr einfach: »Liebt eure Feinde, tut Gutes denen, die euch hassen, segnet die, die euch verfluchen, betet für die, die euch bedrängen!« (Lk 6,27–28) – »Leistet dem Bösen keinen Widerstand, sondern dem, der dich auf die Wange schlägt, halte auch die andere hin!« (Mt 5,39) Ist das naiv, oder tollkühn, oder einfach nur raffiniert? Wird hier die eigene Schwäche zur Tugend umgebogen? Die Motivation lautet: »Werdet barmherzig, wie auch euer Vater barmherzig ist!« (Lk 6, 36) – oder »Ihr sollt vollkommen sein, wie euer himmlischer Vater vollkommen ist!« (Mt 5,48) So, wie Gott sich seiner Welt ohne Unterschied zuwendet und »seine Sonne aufgehen lässt über Schlechte und Gute, und regnen lässt über Gerechte und Ungute« (Mt 5,45) – so ist auch die Haltung der Feindesliebe. Sie ahmt die unterschiedslose Güte Gottes nach und gewinnt damit Anteil an seiner Souveränität. Einen anderen Weg heraus aus der Spirale der Gewalt gibt es nicht.

Gottes Güte nachzuahmen – das wäre allerdings ein bisschen viel verlangt, wenn das Stichwort ›Feindesliebe‹ dabei als unerbittliche Forderung formuliert wäre. Aber die Reihenfolge ist eine andere. Gott selbst hat den Anfang gemacht – nicht nur mit Sonne und Regen, sondern vor allem mit Jesus Christus. Den Weg der Gewaltlosigkeit, die kein stilles Dulden meint, sondern eine aktive, fantasievolle und risikobereite Lebenshaltung erfordert, hat Jesus beschritten und damit seine Leute angesteckt. ›Friedensstifter‹ geben deshalb nur weiter, was sie selbst empfangen haben.

Martin Luther King hat seinerzeit vom ›Schwert der Gewaltlosigkeit‹ gesprochen. Diese Metapher bringt das Anliegen Jesu auf den Punkt. Mit diesem ›Schwert‹ gibt es noch einiges auszufechten, bis Krieg als Lösungsstrategie internationaler Konflikte gebannt sein wird.

4. Mythos und Märchen

»Und der Herr sandte eine Sintflut«

Die Mythen der Nachbarn in Israels Bibel?

Im alljährlichen Sommerloch der Medien haben manche Geschichten ein ewiges Leben. Dazu gehört zum einen das Ungeheuer von Loch Ness, zum anderen die Suche nach der Arche des Noach. Immer wieder wollen bekannte oder selbsternannte Forscher sie gefunden haben, und selbst wenn man am Berge Ararat wider Erwarten ohne Ergebnisse bleibt, dann werden wenigstens Beweise dafür gefunden, dass es die Sintflut wirklich gegeben hat.

Ähnlich gewiss wie die Überzeugung, dass Reste Noachs und seiner Arche nicht wirklich aufzuspüren seien, ist das Wissen der alttestamentlichen Forschung, dass es die so beschriebene Flut nicht gegeben hat. Dafür sprechen eine ganze Reihe von Gründen: Die erste wichtige Beobachtung erschließt sich beim genauen Lesen der Texte Gen 6–9: Da wird Gott auf unterschiedliche Weise benannt, einmal ›Gott‹, einmal ›Herr‹. Noach wird gleich zweimal als besonders gerecht vorgestellt. Dann ist einmal in Kapitel 6 davon die Rede, dass je zwei Tiere von jeder Art, männlich und weiblich, mit in die Arche kommen sollen. In Kapitel 7 wird dann auf einmal zwischen reinen und unreinen Tieren unterschieden; von den reinen Tieren und den Vögeln sollen je sieben Tiere mitgenommen werden. Und schließlich heißt es zunächst, dass die Flut 40 Tage und Nächte über die

Erde kommt, dann wieder dauert alleine das Zunehmen des Wassers 150 Tage, das Ablaufen braucht ebenso lang.

Für die Forschung ist die Sachlage klar: Hier wie an anderen Stellen sind die Berichte von zwei verschiedenen Verfassern ineinander gearbeitet worden. Die Sintflutgeschichte ist sogar ein Modellbeispiel für die sogenannte ›Quellenscheidung‹, bei der man nachträglich die beiden ursprünglichen Erzählfäden wieder isolieren und ihren Autoren zuordnen kann.

Noch interessanter ist jedoch ein weiteres Faktum: Schon im mythischen Überlieferungsgut der Sumerer findet sich aus dem 3. Jahrtausend v. Chr. eine erstaunlich ähnliche Erzählung, in der sich ein König Ziusudra in einem großen Schiff vor einer alles zerstörenden Flut rettet und am Ende den Göttern Dankopfer darbringt. Breit erzählt wird sie dann um 1600 v. Chr. mit einem Titelhelden namens Atramchasis. Hier gibt wie in der Bibel ein Gott den rettenden Hinweis zum Bau des Schiffes. Im 12. Jh. v. Chr. wird der Stoff dann in das berühmte Gilgamesch-Epos eingebunden: Auf der Suche nach Unsterblichkeit begegnet Gilgamesch dem Überlebenden der Flut, Utnapischtim. Hier nun geht die Verwandtschaft zur Bibel so weit, dass sogar die Reihenfolge der Vögel übereinstimmt, die am Ende der Flut ausgesandt werden, erst die Taube, dann der Rabe. Am Ende steht auch hier wieder ein Dankopfer.

Dieser Mythos ist auch im näheren Umfeld Palästinas bekannt gewesen, wie Funde von Keilschrifttafeln in der syrischen Stadt Ugarit belegen. Interessanterweise gibt es nun ausgerechnet in Ägypten keine entsprechende Überlieferung. Das bringt uns zum eigentlichen Sinn der Erzählung. Denn in Ägypten wird die Überschwemmung des Nils als wichtiges Ereignis gefeiert, da der Nilschlamm die Felder düngt, das Wasser sie bewässert.

Im Süden Mesopotamiens dagegen hat man erleben müssen, dass aus dem Norden kommende Wassermassen alles zerstören. Solche Fluten sind archäologisch nachgewiesen; sie gelten in manchen Sommerlöchern sogar als Beleg für die biblische Sintflut.

Keilschrifttafel mit einem Teil des Gilgamesch-Epos, 7. Jh. v. Chr.

In den mythischen Erzählungen von der großen Flut wurden die Erfahrungen dieser Katastrophen bewältigt. Die Zeit vor der Flut gilt dann als die Urzeit, in der etwa die Menschen und Könige extrem lange Lebenszeiten hatten (vgl. nur den sprichwörtlichen Methusalem/Metuschelach aus Gen 5). Die Zeit nach der Flut ist die Jetzt-Zeit. Die Menschen erleben ihre Existenz als von Gott gesichert. Selbst wenn es in der Schöpfung nicht ohne katastrophale Ereignisse abgeht, weiß man sich doch unter dem Schutz der Gottheit. Schöpfungs- und Bewahrungsmythos gehören demnach zusammen.

Im Alten Testament wurde diese Tradition in zwei unterschiedlichen Erzählgestalten aufgenommen. Beiden ist gemeinsam, dass sie letztlich auf das Versprechen Gottes hinauslaufen, dass künftig keine Sintflut mehr kommt, dass Saat und Ernte, Sommer und Winter nicht aufhören werden (Gen 8,22). Als Zeichen dessen wird nun eine neue Tradition eingeführt (Gen 9,9): Der Regenbogen als Zeichen dieser Zusage eines Bundes zwischen Gott und Menschen. Wie der Regen einst das Unheil brachte, so aktualisiert er nun den Glauben an Gottes Schöpfung und seine Bewahrungszusage. Diesen Sinn der Erzählung kann man nicht ausgraben, und daher ist die Suche nach Noachs Arche auch sinnlos.

»Es war einmal ein reicher Mann ...«

Anspielungen und Zitate im Neuen Testament

Hören Sie gern Märchen? Wenn ja, dann befinden Sie sich in guter Gesellschaft. Auch Jesus von Nazaret hat offenbar Märchen gemocht und gelegentlich sogar in seine Verkündigung eingebaut. »Es war einmal ...« – so beginnt eine seiner bekanntesten Beispielgeschichten (Lk 16,19–31). Zwei Männer werden vorgestellt: Der eine genießt ein Leben voller Wohlstand und Überfluss, der andere liegt im Elend vor der Tür des Reichen. Als beide jedoch sterben, wendet sich ihr Geschick. Der Arme sitzt nun mit Abraham beim himmlischen Festbankett, während der Reiche im Hades fürchterliche Qualen leidet. Sein verzweifelter Versuch, zumindest ein wenig Erleichterung zu finden, wird abgewiesen. Für seine Brüder, die noch leben, gibt es keine Warnung – außer der einen, die auch er schon zu Lebzeiten hatte: nämlich »Mose und die Propheten«, d. h. Gottes Wort mit seiner klaren Aufforderung zu einem gerechten Miteinander.

Den Hörerinnen und Hörern Jesu ebenso wie der Gemeinde des Lukas wird die Bildwelt dieser Geschichte sicher vertraut gewesen sein. Denn von einer Umkehrung der Lebensverhältnisse im Jenseits wissen in der Antike viele Geschichten zu erzählen. Besonders eindrücklich geschieht das in einem ägyptischen Märchen. Der Königssohn Setme beobachtet in Memphis zwei unterschiedliche Bestattungen – eine in Prunk, die andere in Armut. Kurz darauf unternimmt er eine Reise in die Totenwelt. Dort sieht er den Armen in einem prächtigen Gewand direkt bei Osiris stehen, den Reichen aber furchtbare Qualen erleiden. Auch jüdische Märchen kennen das Motiv von einem Blick des Frommen in die jenseitige Welt: Elend und Wohlstand kehren sich um, sofern sie das Ergebnis von Unterdrückung oder Selbstsucht in diesem Leben waren.

Natürlich greift Jesus diesen Märchenstoff nicht auf, um sein Publikum über die Topographie von Paradies und Hades zu unterrichten. Soviel war zwischen Ägypten und Palästina wohl allen Gebildeten klar: Geschichten über eine jenseitige Welt zielen auf die Gestaltung des Lebens im Diesseits. Die fiktive Welt des Märchens bringt eine sehr reale Wirklichkeit zur Sprache: Gerechtigkeit und Mitmenschlichkeit haben Konsequenzen, die an der Todesgrenze nicht enden. Dieses weit verbreitete, literarisch vielfach gestaltete Wissen greift Jesus auf und macht es seiner Verkündigung dienstbar. Seine

Zeitgenossen in Galiläa verstehen das ebenso unmittelbar wie die immer zahlreicher werdenden Gemeinden im römischen Reich nach Ostern.

Weitere Beispiele zeigen, wie die Verkündigung des Evangeliums Anknüpfungspunkte bei dem Bildungsstand ihres Publikums sucht – und findet. »Und wie ihr wollt, dass euch die Menschen tun, so tut ihnen ebenso!« (Lk 6,31). Dieses gern als ›goldene Regel‹ bezeichnete Wort hat Jesus nicht selbst geprägt – es begegnet in zahlreichen Varianten in der griechisch-römischen und jüdischen Literatur der Zeit, bei Dichtern, Philosophen und Toralehrern gleichermaßen. In Apg 20,35 legt Paulus den Ältesten von Ephesus eine wichtige Einsicht ans Herz: »Geben ist seliger als Nehmen!« Das hat – fast wörtlich übereinstimmend – schon der griechische Historiker Thukydides (5. Jh. v. Chr.) formuliert, und die Späteren wussten diese ›Wohltätermaxime‹ in immer neuen Zusammenhängen zu wiederholen. Noch deutlicher appelliert der Evangelist Lukas in Apg 26,14 an das Bildungsniveau seiner Leserschaft. Paulus berichtet dort zum wiederholten Mal von seinem Erlebnis vor Damaskus. Der Auferstandene habe ihn dabei auf Hebräisch angesprochen und u. a. gesagt: »Es ist schwer für dich, gegen den Stachel auszuschlagen!« Dieses Bild, das die Überlegenheit des Hirten gegenüber einem widerspenstigen Tier assoziiert, hatte bereits Euripides im 5. Jh. v. Chr. in seiner Tragödie ›Die Bakchen‹ gebraucht: Dort wird Pentheus, der die Anhänger des Dionysios verfolgt, von der Gottheit persönlich mit diesen Worten gemaßregelt. Zitiert der Auferstandene auf Hebräisch einen griechischen Dichter?

Das Evangelium ist auf vielfältige Weise mit der Welt verbunden, in der es erklingt. Weder Jesus noch die ersten christlichen Generationen haben da Berührungsängste. Sie greifen auf, was sie an Bildern, Motiven und

Einsichten voraussetzen können und bringen ihre Botschaft so mit der Lebenswirklichkeit ihrer Adressatinnen und Adressaten zusammen.

Horus führt den Toten zu Osiris, Ägyptisches Totenbuch, 1300 v. Chr.

5. Volk und Menschheit

»Alle Menschen hatten die gleiche Sprache«

Die Trennung der Völkerwelt

Ein kleines Computer-Programm, mit dem sich Internet-Surfer fremdsprachige Wörter übersetzen lassen können, heißt ›Babylon-Translator‹. Von ›babylonischer Sprachverwirrung‹ ist immer dann die Rede, wenn sich größere Menschengruppen nicht verstehen. Und der ›Turm zu Babel‹ von Pieter Bruegel gehört sicher zu den bekanntesten Kunstwerken aller Zeiten. Hinter diesen Vorstellungen von ›Babylon‹ steht eine kurze Erzählung aus dem 11. Kapitel des 1. Buches Mose:

Nach der Sintflut wächst die Menschheit erneut an, Noachs Söhne begründen die großen Menschengruppen der Söhne Jafets, der Hamiten und Semiten. Ausdrücklich wird festgehalten, dass zu dieser Zeit alle Menschen eine Sprache hatten. Gemeinsam machten sie sich auf in das Land Schinar; das ist der biblische Name für Babylonien. Dort bauten sie eine Stadt und einen Turm, dessen Spitze bis zum Himmel reichen solle, damit sie sich »einen Namen machen« – bekannt und berühmt werden für alle Zeit.

Das Vorhaben gelingt so gut, dass Gott davon erfährt und beunruhigt ist: Nun sei den Menschen bald nichts mehr unmöglich. Um dies zu verhindern, verwirrt er die Sprache, so dass sich die Menschen untereinander nicht mehr verstehen. Zudem werden sie in alle Länder zerstreut. So müssen sie von ihrem Plan ablassen – Stadt und Turm bleiben wie in Bruegels Bild unvollendet. Einen Namen bekommt die Stadt nun aber doch: Babel wird sie genannt, weil der Herr dort die Sprache verwirrt hat. Der Stadtname wird vom hebräischen Wort ›balal‹ (verwirren) her gedeutet. Dabei handelt es sich um eine sprachliche Verballhornung, wie man sie heute etwa in den Spottnamen ›Bankfurt‹ oder ›Mainhattan‹ findet.

Neun Verse nur, dennoch ist die Erzählung so prägnant, dass sie wohl für immer zum kulturellen Gedächtnis der jüdisch-christlichen Kultur gehört. Doch um sie ganz zu verstehen, bedarf es des Wissens um einige Details, das die Forschung ergeben hat. Das wichtigste ist gewiss, dass es einen solchen Turm gegeben hat. Aber, und hier beginnen dann auch gleich die Probleme: In Mesopotamien gab es eine Vielzahl solcher Türme. Sie dienten als Tempeltürme und wurden Ziggurat genannt. In Babylon selbst war der Tempelturm dem Hauptgott Marduk gewidmet, er hieß Etemenanki. Vom abschließenden Vers des biblischen Textes her ist eindeutig, dass dieser Turm gemeint sein muss, denn immerhin wird ja ›Babel‹ ausdrücklich erwähnt.

Es ist aber auch möglich, dass ursprünglich andere dieser Tempeltürme gemeint sein konnten. So ist etwa an die ›Sargonsburg‹ Dur Scharrukin gedacht worden, weil der assyrische König Sargon II. (721–705 v. Chr.) mit diesem Bauvorhaben tatsächlich Weltmachtsansprüche ausgedrückt hat. Das könnte gut zu dem erzählten Anspruch passen, sich einen Namen machen zu wollen. Auf Babylon wäre der Stoff dann übertragen worden, als die Israeliten im Exil waren und den Tempel Etemenanki ständig vor Augen hatten.

Damit stellt sich zugleich die Frage, welchen Sinn diese Erzählung im Kontext der Bibel haben kann. Tatsächlich muss man wohl die Exilssituation nach 586

v. Chr. annehmen, als die geschlagene Oberschicht Israels ständig mit der sichtbaren Größe der Gegner und der offenkundigen Überlegenheit ihrer Götter konfrontiert war. Ein Bild der Ziggurat von Chogha Zanbil im heutigen Iran zeigt, wie beeindruckend sich der Tempelturm – und damit die Majestät seines Gottes – noch heute über die Ebene erhebt. Das musste auch damals zur intellektuellen Auseinandersetzung herausfordern, wollte man nicht einfach die eigene Religion aufgeben.

Ziggurat in Chogha Zanbil (Iran), einer der am besten erhaltenen Tempeltürme

Die Erzählung vom Turmbau lässt sich demnach so lesen, dass sie den Herrschaftsanspruch der fremden Götter zurückweist und darauf besteht, dass der Gott Israels Herr der Welt ist. Dies wird mit dem Wortspiel Babel – *balal*/verwirren begründet, das zugleich den Anspruch, sich einen Namen machen zu wollen, verhöhnt. Eingebaut in die biblische Urgeschichte, wird zudem ein anderes Faktum menschlicher Existenz erklärt: Wie konnte es denn zur Vielfalt der Sprachen und Völker kommen, wenn die Menschen doch alle auf einen Ahnherren – in diesem Fall auf Noach – zurückgehen? Die Turmbaugeschichte steht damit an einer auch in der Bibel wichtigen Nahtstelle zwischen allgemeiner Menschheitsgeschichte und partikularer Volksgeschichte. In der sich anschließenden Namensliste wird dann auch ganz folgerichtig der Blick auf den wichtigsten Nachkommen Sems gerichtet: Abraham, den Stammvater Israels.

In der Wirkungsgeschichte ist ein weiteres Motiv besonders wichtig geworden. Schon in späteren Bibeltexten gilt ›Babylon‹ als Chiffre für menschliche Überheblichkeit und Widergöttlichkeit (vgl. Offb 16+17). Dieses Motiv klingt im Text der Urgeschichte selbst nur schwach an, ist aber wohl deshalb so wirkungsvoll geworden, weil sich gerade in den immer größer werdenden Städten eine immer weiter gehende Entfernung von Gott feststellen ließ. Selbst wenn es von den biblischen Erzählern wohl nicht so gedacht war, warnt der Text nun vor menschlicher Selbstüberheblichkeit. Aus der religiösen Auseinandersetzung in einer konkreten historischen Situation ist damit eine fortdauernd aktuelle Botschaft entstanden. Dies erklärt, warum die Geschichte vom Turmbau so bekannt ist.

»Denn jeder hörte sie in seiner Sprache reden«

Versöhnung der Völkerwelt

Im 5. Jh. schreibt der syrische Theologe Jakob von Sarug in einem Gedicht auf das Pfingstereignis: »Babylon hat dich herausgefordert; war es denn nicht auch eine Sprachenverwirrung, was in dir vorging? Doch du hast Babylon weit übertroffen im lieblichen Zusammenklang aller Sprachen.« Er folgt damit einer verbreiteten Interpretation, die in der Pfingstgeschichte des Lukas (Apg 2) eine Gegengeschichte zu der Erzählung von der babylonischen Sprachenverwirrung (Gen 11,1–9) sieht. Doch so eindeutig sind die Bezüge nicht. Sie lassen sich erst auf eine hintergründige Weise entdecken.

Die Pfingstgeschichte des Lukas enthält eine ungeheure Dynamik. Am Anfang steht ein kleiner Kreis – soviel Menschen, wie in das Obergeschoss eines Jerusalemer Hauses passen. Am Ende sind es ca. 3000. Als Akteure treten zunächst einige Galiläer auf, die in Jerusalem versammelt sind. Ihre Botschaft hören schließlich Menschen, die aus allen Teilen des römischen Reiches nach Jerusalem gekommen sind. Auf rasante Weise weitet sich der Horizont aus. Mit ›Brausen‹ scheint der Geist Gottes die kleine Versammlung förmlich zu überrollen und mitzureißen. Der Erzähler nimmt sich nicht einmal die Zeit, einen Szenenwechsel zu berichten: Eben noch in einem Haus versammelt, sehen sich Petrus und die anderen plötzlich von einer großen Menschenmenge umringt.

Erstaunlich und faszinierend zugleich ist das, was die zusammenströmenden Ohrenzeugen der geistbegabten Versammlung vernehmen. Dass von den ›Großtaten Gottes‹ die Rede ist, können sie vielleicht erwarten – nicht aber, dass jeder dabei seine eigene Sprache heraushört. Haben die ›Apostel‹ aramäisch gesprochen? Hätten das die jüdischen Festpilger aus dem Zweistromland, aus Kleinasien, Nordafrika usw. nicht verstehen können? Jedenfalls wird vorausgesetzt, dass sie außer der griechischen Verkehrssprache noch ihre eigenen lokalen Sprachen sprechen. Und die hören sie jetzt. Ein Hörwunder also, bei dem der Geist Gottes die Rolle eines Simultanübersetzers spielt. Die Verständigung wird ganz leicht. Der weite Horizont verschiedener Sprachen, Landschaften, Provinzen oder Menschengruppen – eben erst aufgerissen – schmilzt wieder zusammen. Es gibt keine Grenzen, wo Gottes Geist die treibende Kraft ist.

Solche Grenzen werden nun aber gerade in Jerusalem besonders spürbar. An dem Ort, wo der Tempel steht, wo die Gegenwart Gottes im Kult erfahrbar wird, haben die Völker nur mindere Rechte. Den ersten Vorhof dürfen auch Nichtjuden betreten. Dann warnen steinerne Tafeln vor jedem weiteren Schritt. Durch die Vorschriften der Tora werden der Gemeinschaft mit den Völkern klare Grenzen gesetzt. Innerhalb dieser Grenzen lebt die kleine christliche Gemeinde in Jerusalem.

Das bleibt so – auch in der Pfingstgeschichte. Hier kommt noch nicht die Völkerwelt zusammen. »Parther, Meder und Elamiter und die, die in Mesopotamien wohnen ...« sind nicht die Vertreter jener Nationalitäten, sondern Juden aus der Diaspora, die zum Wochenfest als Wallfahrer nach Jerusalem gezogen sind. Bis Apg 10 bewegt sich die Verkündigung noch ausschließlich im jüdischen Kontext – dann erst vollzieht Petrus im Haus des Kornelius die Taufe erstmals an Nichtjuden. Auch dazu muss er vom Geist Gottes erst in mehreren Anläufen gedrängt werden. Wie wenig selbstverständlich dieser Schritt war, das hat Lukas meisterhaft erzählt. Auf dem Weg über die Grenzen Israels hinaus gelangt dann Paulus am weitesten: Apg 28,31 endet mit seiner Verkündigungstätigkeit in Rom.

Völkerschaften beim Pfingstfest, Köln, 10. Jh.

In der Pfingstgeschichte ist von alledem noch nicht die Rede. Sie deutet aber schon die Richtung an. Von Gott her kommt die Motivation, mit der Auferstehungsbotschaft an die Öffentlichkeit zu treten. Sie äußert sich in Gestalt einer geradezu eruptiven Kraft. Ihr Horizont weitet sich hin zu der Völkerwelt, die von Israel getrennt ist. Israel bleibt der erste Adressat. Noch geht es zunächst – wie bei Jesus von Nazaret – um die Sammlung des Gottesvolkes. Aber diese Sammlung ist nur der innere Kreis einer Bewegung, die schon bald auch die Völker erreicht und einbezieht. Die Überwindung der Sprachbarrieren erscheint als ein Signal, bei dem man sich an die Worte aus Jes 42,6 – von Simeon in Lk 2,32 aufgenommen – erinnert fühlt: »ein Licht zur Erleuchtung der Völker«.

Hat Pfingsten den Anfang für eine Versöhnung der Völkerwelt gebracht? Hat das Evangelium zum Frieden zwischen Israel und den Völkern beigetragen? Hat Jesus als das ›Wort Gottes‹ eine gemeinsame Sprache für die Menschheit geschaffen? Die Antwort ist leider keine positive. Angesichts der neuen Sprachverwirrungen allein unter den christlichen Konfessionen behält die Pfingstgeschichte Brisanz und Aktualität.

6. Einfluss und Berührung

»Wie schön bist du, strahlender Aton/ Herr mein Gott«

Ein ägyptischer Psalm im Alten Testament

Kennen Sie Nofretete? Wenn nicht, dann sollten Sie unbedingt einmal nach Berlin fahren und ihr ins Auge sehen – sie hat nämlich nur eines. Nofretete war die Frau des ägyptischen Pharao Echnaton, der um 1350 v. Chr. regierte. Seine Residenz wurde von deutschen Archäologen ausgegraben, daher findet sich auch eine Büste seiner Frau in den Beständen des Ägyptischen Museums. Wirklich berühmt wurde Echnaton jedoch nicht durch seine Frau, sondern durch seine Theologie (Was waren das für Zeiten, als sich die Herrscher für Theologie interessierten ...).

Echnaton war wohl der erste Denker der Weltgeschichte, der davon ausging, dass es nur einen Gott geben kann. Dieser eine Gott war die Sonnenscheibe ›Aton‹ – daher auch sein Name, der übersetzt ›Aton ist wohlgefällig‹ bedeutet. Die große Menge der anderen Götter Ägyptens wurde einfach per Dekret abgeschafft, sogar die Hauptstadt des Landes verlegte der Pharao in ein neutrales Gebiet in Mittelägypten. Eine religiöse Reform größten Ausmaßes also, welche die damalige Gesellschaft Ägyptens bis in die Grundfesten erschütterte.

Diese großen Veränderungen wirkten sich auch auf die Kultur aus. Mensch und Natur wurden nun viel natürlicher als in früheren Zeiten dargestellt. Sie wurden nun so gezeigt, wie sie von der Sonne beschienen wurden, auch daher wirkt das Bild seiner Frau so lebensnah. Wichtiger ist aber, dass Echnaton (oder ein Beauftragter) Lieder auf den Sonnengott dichten ließ. In ihnen wurde der Lauf der Sonne gepriesen, ihr vielfältiges gutes Wirken auf der Erde verherrlicht. Das liest sich in Übersetzung so: »Er sagt: du erscheinst schön im Lichtland des Himmels, du lebende Sonne, die Leben zuweist! Du bist aufgegangen im östlichen Lichtland, du hast jedes Land erfüllt mit deiner Schönheit.«

*Echnaton und Nofretete empfangen Lebenskraft von
der Sonnenscheibe*

Schon bald nach Fund und Veröffentlichung der Echnaton-Texte fiel auf, dass es einen alttestamentlichen Psalm gibt, der ganz ähnlich klingt. Tatsächlich sind manche

Abschnitte in Psalm 104 fast wörtlich ebenso im Sonnengesang aus Ägypten zu finden. Wurde vorher Aton, der Gott der Sonnenscheibe gepriesen, galten diese Worte nun dem Gott Israels.

Doch die ähnlichen Texte werfen auch eine ganze Reihe von Fragen auf. Hat der israelitische Psalmdichter einfach abgeschrieben? Aber wie ist dann der Text aus Ägypten nach Israel gekommen? Außerdem weisen in dem recht langen Psalm nur wenige Verse eine solche Nähe auf. Warum nicht mehr? Es gibt noch viele andere schöne Stellen in dem Sonnenlied. Hatte der Psalmdichter vielleicht nur eine Kurzform vorliegen? Zudem muss man davon ausgehen, dass Psalm 104 deutlich jünger als der ägyptische Hymnus ist, zwischen 500 und 700 Jahre immerhin. Die Überlieferungswege sind also sehr unklar. Wahrscheinlich wird man sie nicht enträtseln können, so lange man nicht weitere Funde ausgräbt.

Aber es ist doch theologisch interessant, dass die israelitischen Dichter sich ohne Scheu mit dem religiösen Denken ihrer Nachbarn beschäftigten, dass sie Ideen aus fremder Herkunft für die Formulierung des eigenen Glaubens einsetzten. Insofern haben sie nicht einfach nur abgeschrieben, sondern durchaus etwas Neues formuliert, zur Ehre des eigenen, einzigen Gottes. So zeigt sich auch hier, dass das Alte Testament in engem Kontakt mit seinen Nachbarn entstanden ist. Die Kenntnis der Umwelt Israels ist daher für das Verständnis der Bibel immer hilfreich, manchmal sogar unumgänglich.

Und Echnaton? Seine Reformen waren offenbar zu radikal. Nach seinem Tode wurden sie rückgängig gemacht, der alte Vielgötterkult lebte wieder auf. Echnatons Nachfolger Tutanchamun – der ursprünglich Tutanchaton hieß und sogar den Namen änderte – gab dann auch den Regierungssitz in Amarna auf. Der Name des Ketzerkönigs wurde von den Tempelwänden ausgemeißelt, die Erinnerung an ihn ausgelöscht. So wirkte Echnatons Denken lange nur in einem biblischen Psalm weiter, bis die Archäologie ihn wieder ans Licht brachte. Ihn und Nofretete.

»... was Tugend heißt und lobenswert ist ...«

Ein Flirt mit der hellenistischen Philosophie
im Neuen Testament

Der christliche Glaube begegnet heute wieder einem bunten Treiben von Religionen, Weltanschauungen, Ideologien, Heilslehren ... Ihnen gegenüber muss er sich behaupten. Das war in der Antike nicht anders. Im kleinasiatischen Lystra werden Paulus und Barnabas z. B. für Götter gehalten und als Hermes und Zeus verehrt (Apg 14,11–12), in Athen wird Paulus von epikuräischen und stoischen Philosophen unter die Lupe genommen (Apg 17,18), in seinen Briefen verwahrt er sich immer wieder dagegen, mit den zahlreichen wandernden Scharlatanen seiner Zeit gleichgesetzt zu werden: »Wir sind ja nicht wie die vielen, die mit dem Wort Gottes Kleinhandel treiben!« (2Kor 2,17) Soll sich christliche Verkündigung auf dem Markt der Möglichkeiten strikt abgrenzen – oder soll sie nach Anknüpfungspunkten suchen? Wie lässt sich das richtige Maß finden?

Die Jesusbewegung tritt zunächst in einen Gegensatz zu ihrer Umwelt. In der ländlichen Gesellschaft Galiläas musste sie als auffällig und anstößig erscheinen. Achtbare Männer verlassen ihre Frauen und Kinder, geben ihren Beruf auf und schließen sich einem Prediger an, der nichts hat, »wo er sein Haupt hinlegt« (Lk 9,58). Wohlhabende Frauen ziehen mit einem Zimmermannssohn aus dem Provinznest Nazaret durch die Gegend

(Lk 8,2–3). Familiäre Bindungen brechen auseinander. Die Struktur des ›Hauses‹, die mit ihren sozialen und wirtschaftlichen Beziehungen die Grundeinheit der Gesellschaft bildet, wird in Frage gestellt. Das geht auch nach Ostern so weiter. Denn die frühe Christenheit erwartet, dass der Auferstandene noch in allernächster Zukunft, noch in ihrem Leben, wiederkommt. Deshalb ist bei ihnen vieles ganz anders, sitzen Sklaven mit ihren Herren gemeinsam bei der Mahlfeier, verkündigen Frauen und Männer miteinander das Evangelium. Gegenüber ihrer Umwelt bilden sie eine ›Kontrastgesellschaft‹.

Zwei Generationen später hat sich die Situation grundlegend gewandelt. Inzwischen begreifen die Christen, dass es mit dem Kommen des Herrn wohl noch ein bisschen dauern wird. Nicht allzu lange – wie sie hoffen –, doch vermutlich lange genug, um sich nun auch im Alltagsleben auf längere Zeit einrichten zu müssen. Die Gemeinden sind unterdessen zahlenmäßig stark angewachsen. Sie werden auf immer breiterer Front wahrgenommen und versuchen ihrerseits, immer mehr Menschen durch ihre Verkündigung zu gewinnen. Und da kommen verschiedene unkonventionelle Verhaltensmuster der Anfangszeit einfach nicht mehr so gut an. Sesshaftigkeit und solide familiäre Beziehungen gewinnen einen neuen Stellenwert. Lebensgestaltung und Verkündigungsform müssen sich neu und positiv auf die Gesellschaft einstellen.

Schon Paulus weiß, dass seine Gemeinden die sie umgebende Gesellschaft nicht einfach ignorieren können – »sonst müsstet ihr ja aus der Welt auswandern.« (1Kor 5,10) Sie sollen zwar ihr eigenes Profil bewahren. Aber »was wahrhaftig, was ehrbar, was gerecht, was rein, was liebenswert ist, was einen guten Ruf hat, sei es irgendeine Tugend, sei es irgendein Lob – darauf seid bedacht!« (Phil 4,8) In dieser Mahnung fallen gleich acht

Begriffe, die in der hellenistischen Moralphilosophie einen guten Klang haben. Vor allem ›Tugend‹ ist ein Stichwort, das im Zentrum populärer Ethik steht. Auch sonst lässt Paulus erkennen, dass er sich da gut auskennt. Viel wichtiger bleibt für ihn allerdings das unmittelbar bevorstehende Kommen des Herrn.

Am weitesten öffnen sich die sogenannten Pastoralbriefe (1. und 2. Timotheusbrief, Titusbrief) gegenüber den Werten und philosophischen Maßstäben der hellenistischen Gesellschaft. Vermutlich sind sie nach dem Tod des Paulus von einem Schüler in seinem Namen geschrieben. Denn die Situation der Gemeinden ist mittlerweile eine ganz andere. Während Paulus die Gemeinde vor allem als einen lebendigen Organismus beschreibt, in dem alle Glieder voneinander abhängen und aufeinander angewiesen sind, wird jetzt ein neues Bild bestimmend: Die Kirche ist das geordnete Hauswesen Gottes. Jetzt geht es weniger um Spontanität oder pulsierendes Leben als um stabile, dauerhafte Verhältnisse. Das Haus (griech. ›Oikos‹) gilt auch in der philosophischen Diskussion als Keimzelle der Gesellschaft. Es dient als Modellbild für jedes größere Gemeinwesen wie Stadt, Provinz oder Imperium. Was die ausgedehnte Literatur der ›Oikonomik‹ über die Verwaltung des Hauswesens entwickelt, wird jetzt auch für die Kirche bedeutsam. Der Bischof ist der ›Oikonomos‹ in diesem Haus, in dem es eine klare Rangordnung gibt: Sklaven müssen sich den Herren unterordnen, Frauen den Männern. Um die Leitungsämter kann man sich bewerben. Interessant sind vor allem die Eigenschaften, die da gefordert werden. Ein Bischof z. B. muss nüchtern, besonnen, anständig, gastfrei, gütig, nicht geldgierig sein, er darf nicht als Schläger oder Trinker auffallen, muss eine ordentliche Ehe führen und seine Kinder gut erziehen – ach ja, und ›didaktisches Geschick‹ soll er auch noch haben. Aber empfohlen wird er nicht durch seine theologischen Qualitäten, sondern dadurch, dass er ein ›anständiger‹ Mensch ist. »Er muss bei den Außenstehenden einen guten Ruf haben, damit er nicht in üble Nachrede kommt ...« (1Tim 3,7). Durch vorbildliches Alltagsverhalten schlägt die christliche Gemeinde eine

Christus als Philosoph, Elfenbein, 10. Jh.

Brücke zu ihrer Umwelt. In ihrer Wortwahl gibt sie zu erkennen, dass deren ›beste‹ moralische Traditionen mit der eigenen Ethik zusammenstimmen.

Man kann diese zunehmende Öffnung heute als Anfang einer ›Verbürgerlichung‹ kritisieren. Aber wenn man darin das ernsthafte Bemühen erkennt, »dass der Name Gottes und die Lehre nicht in Verruf kommen« (1Tim 6,1) – dann muss man den Gemeinden der zweiten und dritten Generation ein hohes Verantwortungsbewusstsein zugestehen. Bedeutet das nicht auch für eine Christenheit, die am Beginn des 21. Jhs. unter völlig anderen gesellschaftlichen Verhältnissen lebt, eine Herausforderung?

7. Menschenopfer und Selbsthingabe

»Opfere deinen geliebten einzigen Sohn«

Kinderopfer in Israel und seiner Umwelt?

Als Moloch bezeichnet man in der Umgangssprache etwas ungeheuer Großes, Gewalttätiges, Unersättliches. So können eine Metropole wie der ›Moloch New York‹, aber auch der Strassenverkehr oder gar die Kirche als alles verschlingende Macht gelten. Die wenigsten aber wissen, dass dieses Wort aus dem Alten Testament kommt. Auch seine durchgehend negative Bedeutung kommt aus der Bibel: So wird nach 2Kön 23,10 ein Ort rituell verunreinigt, damit niemand mehr »seinen Sohn oder seine Tochter dem Moloch durchs Feuer gehen ließe«. Salomo selbst, so heißt es in 1Kön 11,7, habe diesen Ort »dem Moloch, dem greulichen Götzen der Ammoniter« gebaut. Und mehrmals wird den Israeliten eingeschärft, dass sie ihre Kinder nicht für den Moloch durch das Feuer gehen lassen sollen (Lev 20). Der Ort dieser Greueltaten wird ›Tofet‹ genannt, er ist im Hinnom-Tal in Jerusalem zu vermuten.

Die Bibel erweckt also den Anschein, als habe es in Israel den Brauch gegeben, die eigenen Kinder für einen fremden Gott zu opfern. Dabei erinnert man sich leicht auch an die Erzählung, nach der Abraham seinen einzigen Sohn, den Träger der Verheißung, gebunden hat und bereit war, ihn Gott zu opfern (Gen 22). Am Ende aber greift Gott ein, und es wird ein Widder geopfert. Sollte vielleicht diese Geschichte so zu verstehen sein, dass es kein Kinderopfer mehr in Israel geben dürfe? Das aber setzt voraus, dass es solche Opfer tatsächlich gab.

Bindung Isaaks, Mosaik aus der Synagoge in Bet Alfa, 6. Jh.

Die Forschung hat die Frage nach dem Moloch intensiv beschäftigt. Vor allem hat man nach archäologischen Belegen dafür gesucht, ob es solche Kinderopfer bei Israels Nachbarn gab. In der direkten Umwelt blieb man zwar erfolglos, doch in Karthago wurde man fündig. Schon im Altertum gab es die Überlieferung, dass dort dem Gott Kronos Kinder geopfert wurden, indem man sie in einen glühenden Ofen warf. Seit 1922 wurden nun in Karthago selbst, aber auch in punischen Kolonien auf Sardinien Kinderfriedhöfe entdeckt. Dort fand man Tausende von Kindergräbern und beschriftete Gedenksteine, die tatsächlich einen Zusammenhang zwischen Moloch und Kinderopfern nahe legten.

Doch so eindeutig sind die Dinge leider nicht. Vieles ist unklar: Ist ›Moloch‹ wirklich ein Gottesname? Oder ist es eine Verballhornung des Namens eines anderen Gottes? (Das hebräische Wort für ›König‹ wird ganz ähnlich geschrieben.) Und handelt es sich wirklich um ein Opfer, oder nicht viel mehr um eine symbolische Weihehandlung, bei der es keine toten Kinder gab?

Fest steht inzwischen so viel, dass in Karthago wirklich Kinderopfer dargebracht wurden. Die Bewohner Karthagos stammen aber von den Phöniziern ab, die ursprünglich an der Küste Syrien-Palästinas siedelten. Daher wird zunehmend häufiger angenommen, dass es den Kinderopfer-Brauch auch in manchen Phasen der Geschichte Israels gegeben hat. Im Alten Testament hätten sich dann Erinnerungen an den Kampf gegen diese Kulte erhalten. Fest steht aber auch, dass es einen phönizisch-punischen Gott namens ›Moloch‹ (oder ähnlich) nicht gab. Wir wissen also heute nicht mehr, welchem Gott solche Bräuche gegolten haben können.

Man weiß aber auch, dass die Opferungen in Karthago nicht das Zeichen unglaublicher Brutalität waren. Nein, die Inschriften zeigen, dass diese Opfer in großen Notlagen ausgeführt wurden, als man sich anders nicht zu helfen wusste. Die damalige Religion bot dann offenbar nur Auswege wie eben die Kinderopferungen an. Wir können also den Propheten Israels wie etwa Jeremia dankbar sein, dass sie aufs Schärfste gegen solche Opfer protestierten. So haben sie die biblische Tradition von ihnen befreit, und nur im Wort vom ›Moloch‹ lebt die Überlieferung fort.

»Denn so hat Gott die Welt geliebt, dass er seinen Sohn dahingab.«

Ein hoher Preis?

Das hat schon immer Anstoß erregt: Wie kann man von der Liebe Gottes sprechen – und gleichzeitig davon ausgehen, dass Gott den qualvollen Tod Jesu am Kreuz gewollt habe? Die eindrucksvolle Geschichte von der Bindung Isaaks macht doch gerade deutlich: An Menschenopfern, wie sie in Israels Umwelt gelegentlich vorkamen, hat Gott keinen Gefallen. Wieso »gab er« dann »seinen Sohn dahin«? Das Kreuz ist von Anfang an »für Juden ein Skandal, für die Völker eine Dummheit« (1Kor 1,23) gewesen. Der Philosoph Celsos hält den Christen um das Jahr 170 vor: »... obgleich ihr den Sohn Gottes als Weltvernunft (Logos) ankündigt, zeigt ihr keineswegs die reine, heilige Vernunft, sondern einen Menschen, der aufs schmählichste zu Tode geschleppt und gekreuzigt worden ist.« Hätte Gott keinen anderen Weg finden können?

Das werden sich die Anhängerinnen und Anhänger Jesu nach Ostern auch gefragt haben. Sie brauchen einige Zeit, um zu begreifen, was da am Karfreitag geschehen ist. Zunächst sind sie nur schockiert. Für sie zerbricht am Kreuz eine große Hoffnung. Das lässt sich daran erkennen, dass alle fliehen und wieder in ihre früheren Lebensverhältnisse zurückkehren. Sie sind nicht auf dieses gewaltsame Ende eingestellt – erst recht nicht auf die Botschaft des Ostermorgens: »Er lebt!« Beides, die Bewältigung des Kreuzesgeschehens und die Verarbeitung der Auferstehungsbotschaft, fordert ihren ganzen Glauben und ihr ganzes intellektuelles Vermögen heraus. So entsteht das christliche Bekenntnis, und so entfalten sich die Anfänge christlicher Theologie. Denn am Anfang steht nicht ein systematisch durchdachter Entwurf, wie das der Philosoph Celsos offenbar erwartet. Am Anfang steht vielmehr dieses erschreckende, paradoxe, unbegreifliche Kreuz – und die verblüffende, verwirrende, unglaubliche Botschaft von der Auferweckung des Gekreuzigten durch Gott. Damit müssen sich die Anhängerinnen und Anhänger Jesu auseinandersetzen; daran kommen sie nicht vorbei. Erst allmählich vermögen sie in dem, worin ihre Zeitgenossen nur Skandal und Dummheit sehen, »Kraft und Weisheit Gottes« (1Kor 1,24) zu entdecken.

Im Licht der Auferstehungsbotschaft drängt sich die Erkenntnis auf, dass der Tod Jesu einen Sinn gehabt haben muss. Was anfangs wie die Verkettung unglücklicher Umstände oder das Ergebnis politischer Willkür aussah, erweist sich im Rückblick als planvolles Geschehen. Deshalb prägt die älteste Christenheit die Formulierung von der ›Dahingabe‹: Gott hat Jesus dahingegeben, bzw. Jesus hat sich selbst dahingegeben. Mit welchem Ziel aber wäre das geschehen? Antwort sucht man zuerst in ›den Schriften‹. Wenn der Vater Jesu Christi der Gott Abrahams, Isaaks und Jakobs ist, dann muss auch die eigene Ostererfahrung im Horizont der Glaubenserfahrung Israels zu erklären sein. Entsprechend vielfältig fallen die Versuche aus, dem Tod Jesu von Ostern her und im Gespräch mit ›den Schriften‹ eine Deutung abzugewinnen.

Die einfachste Verständnismöglichkeit findet sich da, wo Tod und Auferstehung in den Rahmen einer großen Heilsgeschichte eingeordnet werden. Alles ›musste‹ so geschehen, weil Gott als der Herr der Geschichte die Fäden in der Hand behält – längst schon planend, was sich erst später als sinnvoll erweisen wird. Vor dem Hintergrund alttestamentlich-jüdischer Glaubensgeschichte bieten sich weitere Deutungen an. So ordnet sich der

Tod Jesu etwa in das Leiden der vielen Propheten ein, die für ihr Wort mit ihrem Leben eingestanden haben. Er erinnert ebenso an das Geschick des leidenden ›Gottesknechtes‹ aus Jes 53. Mose bietet nach Ex 32,31–32 Gott sein Leben für das des Volkes an. Die jüdische Märtyrertradition seit dem 2. Jh. v. Chr. geht davon aus, dass der Bekenner seinen Tod als Läuterung für das Volk verstehen kann. So gewinnt die Einsicht Raum: Der Tod Jesu hat Heilsbedeutung, weil er ›für andere‹ geschieht. Zentraler Haftpunkt wird die Abendmahlsüberlieferung: »Das ist mein Leib, der *für euch gegeben* wird. ... Dieser Kelch ist der neue Bund in meinem Blut, das *für euch vergossen* wird.« (Lk 22,19–20) Bei Markus heißt es bei dem Kelchwort »das vergossen wird für die vielen« (Mk 14,24), und Matthäus fügt noch hinzu »*zur Vergebung der Sünden*« (Mt 26,28). Diese Worte, die in der regelmäßigen liturgischen Feier nun verinnerlicht werden, korrespondieren mit weiteren Formulierungen. Das Bild vom ›Loskauf‹, das in einer Welt der Sklaverei besonders anschaulich ist, beschreibt die Dimension der Befreiung: »Christus hat uns freigekauft« (Gal 3,13); »Der Menschensohn ist nicht gekommen, um sich dienen zu lassen, sondern um zu dienen und sein Leben hinzugeben als Lösegeld für die vielen.« (Mk 10,45) Andere Aussagen betonen im Blick auf die jüdische Opferpraxis den Aspekt der ›Sühne‹: »Ihn hat Gott dazu bestimmt, Sühne zu leisten mit seinem Blut, Sühne, wirksam durch Glauben.« (Röm 3,25) Solche Sühne bewirkt Vergebung von Schuld, Befreiung aus Bindungen, Versöhnung, Verheißung von Leben oder Zugang zu Gott.

Verursacht ist der Tod Jesu von Menschen. Gott hat ihn nicht verhindert. Er hat ihn vielmehr angenommen und zum Guten gewendet. Er bleibt sich damit treu – wie schon im Falle des Josef in Ägypten: »Ihr gedachtet

Böses gegen mich zu tun, Gott aber *dachte es um* zum Guten!« (Gen 50,20) Die frühe Christenheit begriff, dass sich die Liebe Gottes in einer hohen Opferbereitschaft geäußert – und bewährt hat. Muss das wirklich Anstoß erregen?

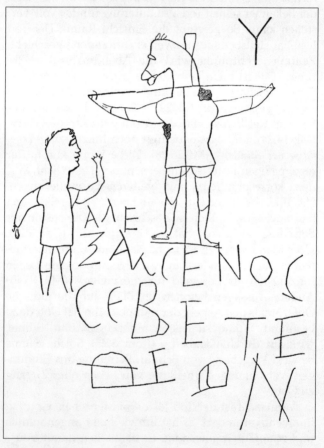

Spottkruzifix vom Palatin, Rom, 3. Jh.

8. Namen und Nuancen

»Wer den Namen des Herrn schmäht, wird bestraft«

JHWH – Jehowa – Herr

Viele werden schon einmal von den Zeugen Jehowas gehört haben, und sei es nur, dass man sie am Bahnhof gesehen hat, wie sie stumm ihren ›Wachturm‹ halten. Auch in der evangelischen Kirche ist der Gott Israels lange Jehowa genannt worden: »Dir Jehowa will ich singen«, so lautet der Titel eines Liedes aus dem 17. Jh. Im aktuellen Gesangbuch (Nr. 328) findet man es jedoch unter dem Titel »Dir o Höchster will ich singen«. Wer oder was eigentlich ist Jehowa?

Die überraschende Antwort lautet: Jehowa ist ein Lesefehler. Und das kam so: Im Altertum hatte der Gott Israels einen Namen – wie alle Götter aller Völker ringsum. Wahrscheinlich wurde er ›Jachwäh‹ ausgesprochen; was er bedeutete, ist nicht restlos geklärt. Im Laufe der Zeit setzte dann die Erkenntnis ein, dass es nur einen Gott geben kann. Damit wurde aber ein Eigenname für die Gottheit überflüssig. Und tatsächlich setzte es sich im vorchristlichen Judentum durch, Gott nur noch als ›Herr‹ oder ›Gott‹ anzureden. Sein eigentlicher Name wurde nun als so heilig erachtet, dass er nicht mehr im Munde geführt werden durfte. Nur einmal im Jahr, am großen Versöhnungstag, durfte ihn der Hohepriester im Tempel aussprechen. – Bei der Übersetzung der Bibel in die griechische Sprache wurde dieser Brauch der Ersatzlesung beachtet. An fast allen Stellen haben die Übersetzer den Gottesnamen mit ›*kyrios*‹ übersetzt. Auch das heißt ›Herr‹, hat aber in der damaligen hellenistischen Welt noch einen anderen Klang: Es war nämlich ungebräuchlich, eine Gottheit einfach als ›Herr‹ zu bezeichnen, ohne ihren Herrschaftsbereich näher zu benennen. Während die anderen Götter Herren des Himmels oder eines Landes sind, ist der Gott Israels der Herr schlechthin. Die griechische Übersetzung verleiht dem Gottesbild also einen größeren Autoritätsanspruch. Die lateinische Bibel folgte dem mit der Übersetzung ›*dominus*‹, und so wurde es in der christlich-europäischen Tradition selbstverständlich, dass Gott keinen Eigennamen hat.

Doch auch wenn man im Judentum nun Gott als ›Adonaj‹ (= Herr) anredete – in der hebräischen Bibel stand der Gottesname an über 6000 Stellen. So war die Gefahr groß, den Namen irrtümlich doch auszusprechen. Mittelalterliche Gelehrte kamen nun auf folgende Idee: Sie setzten einfach die Vokalzeichen von ›Adonaj‹ in die Konsonanten von ›Jachwäh‹. Das Bild aus einer Synagoge in Israel zeigt deutlich, wie die beiden Namen kombiniert werden: In den groß geschriebenen Gottesnamen wird kleiner das Wort ›Adonaj‹ geschrieben.

Diese Zusammenschreibung von Konsonanten des einen und Vokalen des anderen Wortes (hochgestellt) führte zu dem Kunstwort j^{a}h^{o}w^{a}h. Frommen Juden signalisierte es, dass sie ›Adonaj‹ lesen sollten. Doch als man in der Renaissance auch im Christentum die hebräische Bibel wiederentdeckte, hielt man Jehowa für den Namen des Gottes Israels. Im Zuge der Reformation setzte sich der Fehler dann fest, bis in die Gesangbücher hinein. Es ist also durchaus richtig, wenn das aktuelle Gesangbuch diesen Fehler korrigiert.

Im Judentum gibt es übrigens eine ganze Reihe weiterer Versuche, die Heiligkeit des göttlichen Namens zu bewahren. Manche schreiben etwa das Wort Gott ohne Vokal, also ›G-tt‹, andere fügen stets bei der Erwähnung Gottes an: ›Gesegnet sei sein Name‹. Außerdem gibt es die Tradition, dass Gott bis zu 70 Namen hat, von ›Herr der Welt‹ über ›König‹ bis zu ›Barmherziger‹. Stets aber ist klar, dass das Geheimnis des eigentlichen Gottesnamens geschützt werden muss. Das könnte auch für Christen ein Vorbild sein, das 2. Gebot etwas ernster zu nehmen, als es oft der Fall ist.

Gottesname JHWH (groß) und Ersatzlesung Adonaj (klein), Synagoge in Safed

»Kyrios ist Jesus Christus!«

Sage mir, wen du bekennst, und ich sage dir ...

Am Namen lässt sich schon Entscheidendes ablesen. Wenn sich z. B. Christen ›Christen‹ nennen, so hat das Bedeutung. Denn in diesem Namen ist ein Bekenntnis enthalten, bei dem sich seine Trägerinnen und Träger auch behaften lassen. Ganz am Anfang nannte man sich einfach ›Schwester‹ und ›Bruder‹. Paulus adressierte seine Briefe noch an die ›Heiligen‹, sprach von den ›Gläubigen‹ oder von denen, ›die den Namen des Kyrios anrufen‹. In der Apostelgeschichte lesen wir von ›Jüngern‹ und ›Jüngerinnen‹ oder von solchen, ›die auf dem Weg sind‹. Und dann findet sich in Apg 11,26 der bemerkenswerte Satz: »In Antiochien aber wurden die Jünger zum ersten Mal Christen genannt.« Von da an beginnt der Siegeszug dieses Namens.

Wahrscheinlich handelt es sich dabei zunächst um eine Art Etikett, das der Gemeinde von außen verpasst wird. ›Christianer‹ sind diejenigen, die zu dem ›Christus‹ gehören. Man definiert die Parteigänger über ihr Parteioberhaupt, die Schüler über ihren Lehrer. Die aber hatten keine Schwierigkeiten, sich eine solche Benennung zu eigen zu machen. Denn ihr theologisches Selbstverständnis wurzelte zutreffend in der durch die Taufe begründeten Christuszugehörigkeit. Längst schon ist ›Christus‹ dabei freilich zu einem Eigennamen geworden, der eine ganz bestimmte, allen bekannte Person bezeichnet. Dass mit dem griech. ›Christos‹ das hebräische ›Messias = Gesalbter‹ wiedergegeben wird und dass damit ursprünglich ein Würdetitel gemeint war, verlieren die ›Christen‹ in der hellenistischen Welt allmählich aus dem Blick. Für die judenchristlichen Gemeinden der Anfangszeit war das jedoch noch höchst aktuell. Paulus beginnt nach Apg 9,22 seine Verkündigungstätigkeit, indem er zu beweisen versucht, »dass Jesus (von Nazaret) der Christus (= Messias) sei.« Die Erwartung eines ›Gesalbten‹, der das Heil Gottes in seinem Volk sichtbar macht, hat in Israel eine lange Geschichte. Diese Erwartung richtet sich folgerichtig auch auf Jesus von Nazaret. Petrus bringt sie nach Mk 8,29 auf den Punkt: »Du bist der Christus!« Sein Bekenntnis löst jedoch sofort eine Kontroverse aus. Wer oder was ist der Messias, und worin besteht seine Aufgabe? Hier gibt es Erklärungsbedarf.

Christussymbole der Frühzeit

Jesus von Nazaret lässt sich offenbar nicht einfach festlegen. Vor Ostern wird er von seinen Zeitgenossen vor allem als eine prophetische Gestalt betrachtet. Er selbst spricht von sich gern in der schillernden Wendung des ›Menschensohnes‹. Den Messiastitel scheint er weder abzuweisen noch unkommentiert zu akzeptieren. Nach Ostern erst wird es seinen Anhängerinnen und Anhängern zur Gewissheit: In dem Gekreuzigten und Auferstandenen erfüllen sich die ›messianischen‹ Hoffnungen Israels. ›Messias/Christus‹ wird deshalb zur vorherrschenden Bekenntnisaussage, die uns mit 531 Belegen auch am häufigsten im Neuen Testament begegnet. Aber sie beschreibt nur einen Aspekt. »Kyrios ist Jesus!« – diese kurze Bekenntnisformel überliefert Paulus in Röm 10,9. ›Kyrios‹ heißt ›Herr‹. Das klingt für uns heute weniger spektakulär als für die Christen der ersten Generation. Denn den heiligen Gottesnamen, dessen Aussprache vermieden wurde, den umschrieb man im griechischen Sprachbereich vorzugsweise mit ›Kyrios/Herr‹. Dass der Auferstandene sich also in gleicher Hoheit und Würde wie Gott selbst befindet, darin besteht eines der wichtigsten Bekenntnisse der frühen Christenheit.

Vor allem in der Erzähltradition der Evangelien findet sich dann auch die Rede von Jesus als dem ›Sohn Gottes‹: Matthäus und Lukas erzählen von der Geburt des ›Gottessohnes‹; bei Taufe und Verklärung erklingt eine Himmelsstimme, die Jesus von Nazaret als ›meinen lieben Sohn‹ bezeichnet; Freund und Feind greifen die Bezeichnung ›Sohn Gottes‹ auf; der Evangelist Johannes erzählt die Geschichte vom ›Sohn‹, in dem sich der ›Vater‹ offenbart; für Paulus und die anderen Autoren ist das schlichte ›Sohn‹ ausreichender Hinweis auf den Auferstandenen und zu Gott Erhöhten. Der Sohn steht für eine ganz nahe Beziehung, eine gemeinsame Geschichte, eine Vertrauensstellung. Aber das ist noch längst nicht alles. Die frühe Christenheit prägte ein breites Spektrum von weiteren Bezeichnungen aus wie z. B. der Kommende, der Gottesknecht, der Retter, der Richter, der Hohepriester, der Mittler, der Bürge, der Hirte, das Wort, das Lamm Gottes, A und O, ja sogar ›Gott‹ selbst. Jeder Ausdruck enthält ein Bekenntnis, jedes Bekenntnis setzt seinen eigenen, unverwechselbaren theologischen Akzent, enthält eine besondere, unverzichtbare Erfahrung. »Wer ist das?« (Mk 4,41) Diese Frage lässt sich mit einer einzigen Antwort nicht erledigen.

Alle Bezeichnungen, alle Bekenntnisse ordnen Jesus von Nazaret dem einen Gott Israels zu. Der ›Vater Jesu Christi‹ ist kein anderer als der ›Gott Abrahams, Isaaks und Jakobs‹. Was das bedeutet – daran hat die Christenheit bis heute noch nicht ausgelernt.

9. Gott und die Götter

»Dies sind deine Götter Israel«
Der Tanz um das goldene Kalb

Im Sprichwort ist sie – wie viele andere Geschichten des Alten Testaments – noch bekannt: Die Erzählung vom Tanz um das Goldene Kalb. Im 32. Kapitel des 2. Mosebuches lässt sie sich nachlesen: Mose ist oben auf dem Berg Sinai, um die Gebote Gottes für die heilvolle Zukunft entgegenzunehmen. Dem Volk dauert das zu lange und daher wird Aaron aufgefordert: »Auf, mach uns einen Gott!« Schon hier sollte man etwas stutzig werden: Aaron, der Urvater der Priester Israels, soll einen Gott machen? Das käme, modern gesprochen, einer Aufforderung an den Papst gleich, endlich zu heiraten. Undenkbar, so etwas.

Doch Aaron erfüllt den Willen des Volkes und lässt aus dem in Ägypten geraubten Schmuck ein Kalb gießen. »Das ist dein Gott, Israel, der dich aus Ägypten geführt hat!« So stellt er den Israeliten das Götterbild vor, die den neuen Gott dann auch gleich verehren. Damit ist der Bund Gottes mit Israel schon am Sinai gebrochen. Im heiligen Zorn zerschlägt Mose die Gesetzestafeln, als er den Frevel mitbekommt. Doch zum Glück lässt sich Gottes Zorn besänftigen, und es erfolgt ein neuer Bundesschluss (Ex 34). Aaron aber wird später zum Hohepriester geweiht, als wäre nichts geschehen.

Was aber ist dann geschehen? – Eine andere Geschichte, weiter hinten im Alten Testament zu finden:

Nach dem Tode des Königs Salomo, so steht es in 1Kön 12, fallen die 10 nördlichen Stämme vom Jerusalemer Königtum ab. Ihr Staat heißt nun Israel, Jerusalem bleibt die Hauptstadt von Juda. Damit nun die Bewohner des neuen Landes nicht weiter zum Tempel nach Jerusalem ziehen müssen, werden eigene Heiligtümer gebaut: In Dan im Norden Israels und in Bethel im Süden, kurz vor der Grenze nach Juda. Jeder Tempel wird ausgestattet mit einem goldenen Kalb, und der neue König, Jerobeam ist sein Name, verkündet ausdrücklich: »Das ist dein Gott, Israel, der Dich aus Ägypten geführt hat!« Der Zusammenhang der beiden Texte ist offensichtlich: Die Sünde vom Sinai wiederholt sich. Damit ist auch gewiss, dass das abtrünnige Nordreich nicht von Dauer sein kann.

Nun weiß man, dass Israels Nachbarn tatsächlich Abbildungen von Stieren und Kälbern angefertigt ha-

Bronzenes Kalb aus Askalon

ben, um damit die Macht ihres Gottes zu betonen – er ist stark und fruchtbar wie ein Stier. Offenbar haben die frühen Israeliten diesen Brauch ebenfalls gepflegt. Ein Beleg dafür sind zwei kleine Kälber aus Bronze, mit Silber oder Gold überzogen, die in Samaria und Askalon gefunden wurden. So geht man nun in der Forschung von folgender Erklärung des Problems aus:

Tatsächlich hat es wohl in den Heiligtümern in Dan und Bethel Abbildungen eines Stieres oder Kalbes gegeben. Damit wollte man aber keine Abgötterei treiben, sondern den Gott Israels auf die Weise verehren, die damals üblich war. Erst später hat sich dann in Israel die Ansicht durchgesetzt, dass man sich kein Bild von Gott machen darf, ihn also nicht in einem Kultbild verehren soll. Nun gab es im Alten Orient folgende Überzeugung: Je älter ein Gebot oder eine Institution ist, desto höher wird sie angesehen. Daher hat man also den ›Tanz um das goldene Kalb‹, den die Israeliten in Dan und Bethel vollführten, schon mit Mose und den Flüchtlingen aus Ägypten in Verbindung gebracht. Im Ablauf der Bibel ist klar: schon damals ist verboten worden, was die Nordreich-Israeliten später taten. Dass sie es dennoch taten, macht ihre Sünde umso größer.

So zeigt sich, dass die Erzählung vom goldenen Kalb nicht einfach unwahr ist. Doch sie will etwas anderes aussagen, als es beim ersten Lesen scheint. Erneut erschließen erst das Zusammenlesen der Texte und das Wissen um die Bilder des Alten Orients den eigentlichen Sinngehalt der Erzählung. Über die Zeiten hinweg ist dabei wichtig: Dinge, die von Menschenhand gemacht sind, darf man nicht als Gott verehren. Und das ist bis heute der gute Sinn unseres Sprichwortes.

»... so haben wir doch nur einen Gott, den Vater!«

Gott und seine Konkurrenten

Dämonen, finstere Mächte, übersinnliche Phänomene, Magie oder Astrologie haben wieder einmal Konjunktur. Die Medien sind voll davon. Auch viele Christen lassen sich zunehmend beeindrucken. Wie kann man sich schützen, was muss man vermeiden, worüber sollte man Bescheid wissen? Wie stark ist die ›Konkurrenz‹ Gottes, die uns möglicherweise an den Kragen will?

»Es gibt keine Götzen in der Welt.« Und: »Es gibt keinen Gott außer dem Einen.« So viel an Aufgeklärtheit lernen wir von Paulus (1Kor 8,4). Er hat gute Gründe, so zu sprechen. Denn für seine Gemeinde in Korinth sind das keine theoretischen Überlegungen. Die Korinther leben in einer Stadt, in der es von Tempeln, Götterstatuen, Kultorten, heiligen Hainen usw. nur so wimmelt. Ihr Alltag ist geprägt von ständigen Konfrontationen mit einer Welt voller Götter. Kein Wunder, dass sich der aktuelle Konflikt in 1Kor 8 auch an einem ganz praktischen Problem entzündet: Es geht um den Genuss von Fleisch. Man verzehrt davon in der Antike sehr viel weniger als heute. Vor allem bei Angehörigen der sozialen Unterschicht gibt es nur selten eine Gelegenheit, Fleisch zu essen. Entweder nehmen sie an Kultmahlzeiten in Tempeln teil, oder sie werden zu privaten Mählern eingeladen. Zum Kauf auf dem Markt reichen die Mittel nicht aus. In allen Fällen aber stammt das Fleisch aus Schlachtungen, die mit kultischen Ritualen verbunden sind. Deshalb wird es in der christlichen Gemeinde auch als ›Götzenopferfleisch‹ bezeichnet. Darf man das essen? Haftet dem Fleisch nicht eine dämonische Qualität an, mit der man sich beim Verzehr gleichsam infiziert?

Hier gibt es unterschiedliche Ängste und unterschiedliche Auffassungen.

Paulus hat eine einfache und klare Antwort: »Speise wird uns nicht vor Gottes Gericht bringen.« (1Kor 8,8) Fleisch ist Fleisch, egal, woher es stammt und wem da bei seiner Schlachtung geopfert worden ist. Nichts, was man mit Danksagung vor Gott genießt, kann einem schaden (1Kor 10,30). Denn: Es gibt keine Götzen, Gott ist nur ein Einziger (1Kor 8,4). So weit so gut. Angesichts der Lebenswelt der Korinther erfährt diese theologisch fundierte Sicht dann allerdings doch eine Relativierung: »Denn selbst wenn es auch sogenannte Götter gibt, sei es im Himmel, sei es auf Erden, wie es ja (tatsächlich) viele Götter und Kyrioi gibt, ...« – fährt Paulus fort und muss also zugestehen, dass der Anspruch auf Göttlichkeit von vielen erhoben wird, auch wenn sie natürlich nur ›sogenannte‹ Götter sind. Dann aber folgt sogleich die maßgebliche Orientierung: »... so haben wir doch nur den einen Gott, den Vater ... und einen Kyrios, Jesus Christus ...« Alle anderen Größen, so bedrohlich oder faszinierend sie scheinen mögen, können den Christen gleichgültig sein. Einzig und allein auf ihre Zugehörigkeit kommt es an (1Kor 8,4–6).

Ganz so einfach ist die Sache nun aber auch wieder nicht. Paulus weiß wohl: Götzen, Götter und Kyrioi gibt es zwar nicht – sie gewinnen aber dort an Realität, wo man sie ihnen zugesteht. Dann sind sie durchaus ernst zu nehmen. Denn jede Verehrung, die man diesen ›Nichtsen‹ entgegen bringt, wird dem einzigen Gott vorenthalten. Deshalb fragt Paulus diejenigen, die als Christen in aller Öffentlichkeit auch weiterhin an Kultmahlzeiten teilnehmen: »Wollen wir etwa Gott eifersüchtig machen?« (1Kor 10,22) An der Herkunft des Fleisches liegt nichts, wohl aber an dem Rahmen, in dem es verzehrt wird. Der einzige Gott ist grundsätzlich konkur-

renzlos. Konkurrenz entsteht ihm nur durch ›sogenannte‹ Götter, die erst von Menschen aufgrund ihrer Ehrer-
bietung, Angst oder durch ihr schlichtes Für-wahr-hal-
ten zu solchen gemacht werden. Der Grat zwischen
Aufklärung und Aberglaube war und bleibt schmal.

Vor Dämonen und allen möglichen Mächten aber
braucht sich niemand zu fürchten. Das Grundbekenntnis Israels (Dtn 6,4–5) bleibt eine ausreichend starke
Bastion: »Höre, Israel! JHWH, unser Gott, JHWH ist einzig. Darum sollst du den Herrn, deinen Gott, lieben mit
ganzem Herzen, mit ganzer Seele und mit ganzer
Kraft.« Davor muss selbst ›das Böse‹ in dieser Welt – in
welcher Gestalt auch immer – kapitulieren.

Opferszene in Korinth, 6. Jh. v. Chr.

10. Satan und das Böse

»Gott gab Hiob in Satans Hand«

Wie der Teufel in die Bibel kam

›Geh' zum Teufel!‹ oder ›Hol's der Teufel!‹ Solche Redensarten sind geläufig und gehen manchen leicht von den Lippen. Andere bezeichnen sich gar als Satanisten und versichern, sie glaubten an den Teufel und erhielten von ihm Aufträge. Was aber steckt dahinter? Gibt es wirklich eine solche böse Macht in der Welt, einen Gegenspieler Gottes?

Eine Umfrage bei Theologiestudierenden zeigte, dass sie eine ganze Reihe von Bibelstellen kennen, in denen der Teufel eine Rolle spielen soll: Die Schlange im Paradies (Gen 3) sei doch der Teufel gewesen. Und Gott habe doch mit dem Teufel eine Wette abgeschlossen, als es um den frommen Hiob gegangen sei (Hiob 1). Und war es nicht auch so, dass ein Engel – Luzifer – von Gott verstoßen und dann zum Teufel wurde (Gen 6,1–4; Jes 14,12)? Liest man aber die genannten Stellen nach, so ist nur im Hiobbuch vom Satan die Rede, an den anderen Stellen findet sich nichts. Wie aber verhalten sich Teufel und Satan zueinander?

Diese Frage ist immerhin leicht zu beantworten: Das hebräische Wort Satan wurde in der griechischen Bibel mit diabolos übersetzt, was etwa ›Verleumder‹ heißt. Im Deutschen hat sich daraus dann das Wort ›Teufel‹ entwickelt. Doch was wir heute mit dem Teufel verbinden, steht nicht im Alten Testament, wie eine genaue Lektüre des Hiobbuches zeigt. Der Satan ist hier nämlich gar keine eigenständige Macht, sondern so etwas wie ein Staatsanwalt. Er durchstreift die Erde und hat die Aufgabe, über falsches Verhalten zu berichten und es zur Anklage zu bringen. Beim Propheten Sacharja findet sich eine ähnliche Vorstellung, und in manchen Psalmen bezeichnet ›Satan‹ einfach einen Gegner, etwa den Feind des Beters oder einen Ankläger vor Gericht.

Nur an einer Stelle, im Buch der Chronik (1Chr 21,1), wird ›Satan‹ wie ein Eigenname gebraucht. Diese Stelle ist besonders interessant, da es hier heißt, dass Satan den David zu einer Volkszählung angestachelt habe. Nach dem älteren 2. Samuelbuch (24,1) hatte das jedoch der Zorn Gottes getan. Hier sieht man also, dass die Rede vom Satan das Gottesbild entlasten kann: Das Böse ist keine Eigenschaft Gottes, sondern geht auf den Satan zurück.

In späteren Texten, die keine Aufnahme in die Bibel gefunden haben, wird diese Vorstellung immer weiter ausgebaut. Man geht nun auch von der Existenz von Dämonen aus, und der Satan wird zu einer eigenständigen Macht. Für diese Entwicklung sind wohl auch Einflüsse aus dem iranischen Denken verantwortlich, wo es einen klaren Gegensatz (Dualismus) zwischen Gut und Böse, Wahrheit und Lüge gab. Nun werden auch schwierige Stellen des Alten Testaments umgedeutet: Nicht Gott ist für manche bösen Dinge verantwortlich, sondern der Satan.

Im späteren Judentum gibt es eine Fülle von Namen für diese gegengöttliche Macht: Neben Satan findet sich ›Mastema‹, ›Belial‹, ›Sammael‹, er ist ›der Böse‹ schlechthin, der ›Engel des Abgrunds‹. Auch bildliche Vorstellungen kamen auf, man stellte sich den Teufel etwa als Drachen oder Schlange vor – daher die Verbindung mit der Schlange aus dem Paradiesbericht. Interessanterweise wurden dafür Bilder verwendet, die in anderen Religionen schon für böse Götter oder Dämonen in Gebrauch waren. So kam ein Stück der polytheistischen Religiosität zurück in die jüdisch-christliche Überlieferung.

Sturz Luzifers aus dem Himmel, Illustration zu Jesaja 14, Armenbibel, 15. Jh.

Im Mittelalter schließlich erreichte der Teufelsglaube seinen Höhepunkt. Der Teufel galt nun als Mischwesen (mit Hörnern, Schwanz und Pferdefuß), als Symbol ungezügelter Triebhaftigkeit. Mit der Bibel haben solche

Vorstellungen aber nicht mehr viel zu tun, daher hat sich der Protestantismus längst vom Teufelsglauben gelöst. In der katholischen Kirche gehört die Existenz des Teufels aber noch immer zum Dogma.

Der Teufel ist demnach in die Bibel gekommen, weil es manchen Menschen theologisch zu unbequem war, auch böse Dinge mit Gott in Verbindung zu bringen. Die Vorstellung vom Teufel ist also eine Art Retusche für das Gottesbild. Eine eigene Macht hat der Teufel nicht, und das ist auch gut so.

»Da trat der Versucher an ihn heran«

Gotteswort in Teufelsmund

Der Satan, dem es im Hiobbuch von Gott gestattet wird, die Glaubensfestigkeit des frommen Hiob auf die Probe zu stellen, tritt auch im Neuen Testament auf. Diesmal nimmt er sich den Gottessohn selbst vor, noch bevor dessen öffentliches Auftreten in Galiläa beginnt. Die Geschichte von der Versuchung Jesu in der Wüste, die von Matthäus und Lukas erzählt wird (Mt 4,1–11/Lk 4,1–13), entwirft eine beklemmende Szenerie:

Wie von ungefähr taucht der ›Teufel‹ plötzlich auf und verwickelt Jesus in ein Gespräch. Nichts wird darüber gesagt, woher er kommt oder wie seine äußere Erscheinung beschaffen ist. Aber offensichtlich setzen die Evangelisten bei ihm besondere Fähigkeiten voraus, so dass er Jesus in Kürze auf einen hohen Berg oder nach Jerusalem verbringen kann. An seiner Absicht besteht kein Zweifel: Er will Jesus von seiner unmittelbar bevorstehenden Aufgabe abbringen. Genauer – er will ihn von Gott abbringen. Wieder fungiert er als eine Art Staatsanwalt, der den Angeklagten zu überführen versucht. Wer immer dieser ›Diabolos/Verleumder‹ auch sein mag: Solche Situationen gehören zum Erfahrungsschatz aller, die auf Gott vertrauen. Ihr Vertrauen wird erschüttert. Sie müssen sich gegen Versuchungen wappnen, die um so gefährlicher sind, je unschärfer und vielgestaltiger ihr ›Feindbild‹ aussieht.

Das Vorgehen des Versuchers erscheint raffiniert. Darin stimmen Matthäus und Lukas überein, auch wenn sie die Reihenfolge verändern. Drei Mal fordert der Versucher Jesus heraus, indem er an seine Gottesbeziehung appelliert: »Wenn du Sohn Gottes bist, dann ...« Er beginnt mit einem nahe liegenden, kleinen Wunder – der Verwandlung von Stein in Brot. Dann aber kommt er mit der Verlockung zur Weltherrschaft, und schließlich mit dem Vorschlag, Gottes Fürsorge durch einen Sprung von der Tempelzinne herauszufordern. Lukas erzählt so, dass der Höhepunkt der dreifachen Steigerung bei der Weltherrschaft und der Anbetung des Teufels liegt. Jesus aber weist die zunehmend offener vorgetragenen Provokationen zurück – und der Teufel muss abziehen.

Beklemmend ist diese Geschichte weniger durch die Gestalt des ›Teufels‹ als durch die Art, wie er argumentiert. Im Verlauf des Gespräches kontert Jesus die Vorschläge des Versuchers stets mit Bibelworten. Aber das kann sein Kontrahent auch! Unversehens entwickelt sich der Dialog zu einem Schlagabtausch mit Schriftzitaten, bei dem sich der ›Verleumder‹ als durchaus bibelfest erweist. Es scheint wenig zu helfen, dass Jesus immer wieder gerade auf das 5. Buch Mose zurückgreift. Denn da kommt ihm der Diabolos gleich mit einem Psalmenzitat zuvor. »Wenn du Sohn Gottes bist, dann wirf dich von hier hinab! Denn es steht geschrieben: ›Er wird seinen Engeln gebieten über dir, dich zu bewachen.‹, und ›Auf Händen werden sie dich tragen, damit dein Fuß nicht an einen Stein stößt.‹« (Ps 91,11–12)

Hier graust es den Frommen. Denn von jeher galt der Ps 91 als ein Gebet, mit dem man Gott um Schutz vor allen Ängsten und all den unbestimmten Bedrohungen bat, die gerade zur Nachtzeit lebendig werden. Bis auf den heutigen Tag hat der Psalm diese Bedeutung behalten. Im christlichen Stundengebet ist er der Nachtwache zugeordnet. Aber wie kann man mit solchen Worten um Schutz vor Versuchungen bitten, wenn sie der Versucher selbst im Munde führt? Die Gestalt in der Wüste wird hier durch einen Zynismus charakterisiert, der sich kaum noch übertreffen lässt.

Gottes Wort wirkt nicht wie eine magische Formel, die man nur richtig aussprechen muss. Das Wort allein besagt noch gar nichts. Es kann auch missbraucht werden. Sogar der ›Verleumder‹ kann damit kenntnisreich hantieren. Bibelworte sprechen nicht einfach für sich. Sie entfalten erst dann ihre Kraft, wenn sie durch das Vertrauen derer gedeckt sind, die sich darauf berufen. Im Munde des Diabolos sind sie deshalb kraftlos. Gottes Wort zu instrumentalisieren – das bleibt eine Versuchung, der wir immer neu widerstehen müssen.

Anfang des Römerbriefes als Amulett, Ägypten, 4. Jh.

11. Recht und Ordnung

»Auge um Auge, Zahn um Zahn ...«
Vergeltung oder Wiedergutmachung?

»Mit alttestamentarischer Härte wurde zurückgeschlagen ...« »Nach der alttestamentarischen Regel ›Auge um Auge‹ wurde Vergeltung geübt ...« Sätze wie diese liest man oft, und tatsächlich scheint das Vergeltungsdenken sowohl im politischen wie im persönlichen Bereich stets aktuell zu sein. Doch was ist an dieser Härte ›alttestamentarisch‹? (Nebenbei: Korrekterweise müsste es ›alttestamentlich‹ heißen.) Immerhin wird mit solchen Sätzen der größte Teil der christlichen Bibel in ein bedenkliches Licht gerückt. Das ist wohl bei denen kein Zufall, die Religion sowieso für überholt ansehen und sich auch dafür auf aktuelle Ereignisse beziehen – es genügt die Erinnerung an den 11. September 2001.

Was also ist dran an »Auge um Auge, Zahn um Zahn«? Schlägt man die betreffenden Sätze nach (Ex 21,22–27), so stößt man auf eine kompliziert klingende Rechtsvorschrift: Wenn zwei Männer streiten und sich verletzen und dabei ein dauernder Schaden entsteht, dann soll Auge um Auge, Zahn um Zahn, Hand um Hand ersetzt werden, so steht es in der Lutherbibel. Damit ist gemeint: Nicht mehr als ein Auge, nicht mehr als der ausgeschlagene Zahn, nicht mehr als die verletzte Hand dürfen als Ersatz genommen werden. Und nach erfolgter Strafe muss dann auch Schluss sein, eine Spirale der Gewalt darf es nicht geben. Das Gesetz – der Fachbegriff dafür ist ›Talion‹ – ist gar nicht überaus hart, sondern es will Schaden begrenzen. Statt dass es ewige Blutfeindschaften gibt, darf etwa im Falle eines Mordes nur ein Leben genommen werden: das des Mörders. Tat und Strafe stehen also in einem sehr engen Zusammenhang.

*Königs Hammurabi steht vor dem Sonnengott Schamasch,
darunter Gesetzestexte*

Unser zu Unrecht verrufener Satz wird zwar Mose und dem Alten Testament zugeschrieben, doch er ist sehr viel älter. Schon in einer der ersten großen Rechtssammlungen des Alten Orient, im Codex Hammurabi, ist er zu finden. Bereits damals, um 1700 v. Chr., sollte er für gleiches Recht in allen Teilen des babylonischen Reiches sorgen, für Rechtssicherheit. Israel hat diese Sätze später übernommen. Im Zusammenhang des Alten Testaments stehen sie neben anderen Aussagen wie »Liebe deinen Nächsten wie dich selbst« (Lev 19,18) oder den berühmten 10 Geboten, ebenfalls Rechtssätzen.

Alle alttestamentlichen Gebote – nach der jüdischen Tradition sind es genau 613 – wollen für ein gutes Leben in einem von Gott gesetzten Rahmen sorgen. Dabei gelten die fünf Bücher Mose, in denen die einzelnen Gebote gesammelt sind, als ›Tora‹. Glücklich sind die, die sich nach dieser Tora Gottes richten, so liest man in Psalm 1 und 119. Die im Deutschen übliche Übersetzung ›Gesetz‹ schränkt dagegen den Sinn zu sehr ein; von der heilvollen Gabe dieser Gebote ist nichts mehr zu spüren. Von ›alttestamentlicher Härte‹ der Tora Israels ist also nur dann etwas zu bemerken, wenn man einzelne Stellen herausgreift und absolut setzt. Es ist schade, dass sich dieser Umgang mit den Texten so eingebürgert hat.

»... nicht das kleinste Häkchen des Gesetzes wird vergehen ...«

Das Erbe der Tora

Könnten Sie sich vorstellen, mit Ihrem Neuen Testament zu tanzen? Das ist gar nicht so absurd, wie es klingt. Alljährlich zum Fest ›Simchat Tora‹ (= Torafreude), das im

Oktober stattfindet, werden in den Synagogen die Tora-
rollen (mit den fünf Büchern Mose) aus dem Schrein
geholt, um mit ihnen durch die Synagoge zu tanzen.
Denn die Tora ist die gute Weisung Gottes, die Leben
ermöglicht und Halt bietet. Sie erfüllt die Frommen mit
Freude und zeigt ihnen, wie sie ihr Leben in Überein-
stimmung mit Gottes Willen führen können. Noch nie
hat man im Judentum die Tora als eine Last empfunden,
unter deren finsterer Forderung ein Mensch verzweifeln
müsste. Den Bund, den Gott mit seinem Volk geschlos-
sen hat, muss man sich nicht verdienen. Er gründet vielmehr ganz in der göttlichen Barmherzigkeit. Aber um
diesen Bund nun auch bewahren zu können – dazu gibt
es die Tora.

Für die Christen der ersten Generation ist das alles
selbstverständlich. Sie sind gebürtige Juden, als Jungen
am achten Tag nach der Geburt beschnitten, aufgewach-
sen mit den Toralesungen in der Synagoge und mit den
Wallfahrten zum Jerusalemer Tempel. Die Beschneidung,
als Bundeszeichen von der Tora vorgeschrieben, vollziehen sie ordnungsgemäß an ihren Kindern. Tischgemeinschaft mit Nichtjuden vermeiden sie, um die Speisegebo-
te der Tora einzuhalten. Ihre Beziehung zu Gott aber
definieren sie nun vor allem über ihre Zugehörigkeit zu
Christus, die in der Taufe konstituiert worden ist.

Unterdessen zieht die Evangeliumsverkündigung
ihre Kreise. Zunehmend werden auch Nichtjuden davon ergriffen. Sie lassen sich taufen und gehören damit
ebenso zu Christus, gewinnen den gleichen Status vor
Gott. Oder vielleicht doch nicht? Müssen sie nicht erst
Glieder des erwählten Gottsvolkes werden – d.h. die Beschneidung vollziehen? Dürfen sie überhaupt bei der
Mahlfeier mit ihren jüdischen Schwestern und Brüdern
Tischgemeinschaft pflegen? Plötzlich wird die Tora zu
einem Problem.

Zum entscheidenden Konfliktpunkt entwickelt sich die Frage der Beschneidung. Nicht nur, dass ihr Vollzug für erwachsene Männer eine ziemlich große Hürde darstellt – vor allem theologisch ist die Frage brisant. Hat sich Gott in Christus allen Menschen zugewandt und damit die Grenzen seines Bundes mit Israel überschritten – oder bleiben diese Grenzen so bestehen, dass allein der Bund Gottes mit Israel den Rahmen der Zuwendung Gottes zu allen Menschen bildet? Anders: Bleibt die Gemeinschaft der Christen eine Größe innerhalb des Judentums – oder ist sie ihrem Wesen nach auf die ganze Menschheit ausgerichtet? Die Frage spitzt sich noch weiter zu: Wenn ›Heidenchristen‹ von der Beschneidungsforderung befreit werden, wie verbindlich ist dieselbe dann noch für ›Judenchristen‹? Wenn beide miteinander Tischgemeinschaft halten, sind dann die Speisevorschriften der Tora nicht auch für ›Judenchristen‹ hinfällig geworden? Wäre es nicht das einfachste, die Tora ganz zu den Akten zu legen?

Man könnte sich an Jesus von Nazaret erinnern. Aber damit wird das Problem nicht viel leichter. Jesus wusste sich »nur zu den verlorenen Schafen des Hauses Israel« (Mt 15,24) gesandt, ihm ging es ausschließlich um die Sammlung des Gottesvolkes. Die Grenzen Israels hat er nie überschritten – es sei denn einmal ausnahmsweise. Im Gedächtnis der nachösterlichen Gemeinde war allerdings auch haften geblieben, wie souverän ihr Meister die Tora zu interpretieren vermochte. Über das Sabbatgebot setzte er sich gelegentlich in zeichenhafter Weise hinweg. In den ›Antithesen‹ der Bergpredigt (Mt 5,21–48) setzte er den Geboten der Tora eine neue Autorität entgegen. Relativierung und Verschärfung einzelner Bestimmungen gehen in seinem ganzen Verhalten Hand in Hand. Matthäus, dessen Gemeinde selbst sehr stark von judenchristlicher Tradition geprägt ist, überliefert das

Wort: »Glaubt nicht, dass ich gekommen bin, um die Tora oder die Propheten aufzulösen. Ich bin nicht gekommen um aufzulösen, sondern um zu erfüllen.« (Mt 5,17) Und gleich darauf schließt sich der Satz an: »Bis Himmel und Erde vergehen, wird nicht das kleinste Häkchen der Tora vergehen ...« Die Tora bleibt auch für die nachösterliche Gemeinde ein unverzichtbares Erbe.

Paulus, der die Verkündigung unter Nichtjuden zu seiner Lebensaufgabe macht, muss auch die Frage nach dem Geltungsbereich der Tora angehen. Er tut es vor allem im Galaterbrief und im Römerbrief. In Galatien

Christus übergibt das Gesetz an Petrus und Paulus, Magdeburg, 10. Jh.

treten Agitatoren mit der Beschneidungsforderung auf. Alles, was ihnen Paulus entgegenhält, ist deshalb von Polemik bestimmt. Um den Vorrang der Christuszugehörigkeit unmissverständlich festzuhalten, lässt sich Paulus dabei auch zu den kritischsten Tönen gegenüber der Tora hinreißen, die wir überhaupt im Neuen Testament finden. Sehr viel gemäßigter klingt das dann im Römerbrief. Grundsätzlich bleibt auch Paulus dabei: Christus ist die »Erfüllung der Tora« (Röm 10,4), auf die nun als »Tora des Glaubens« (Röm 3,27), »Tora des Geistes« (Röm 8,2) oder »Tora Christi« (Gal 6,2) ein ganz neues Licht fällt.

Letztlich bleibt ein Paradoxon zurück. Die Tora ist »heilig, gerecht und gut« (Röm 7,12), erlangt aber nur eine begrenzte Reichweite bzw. erfährt durch Christus eine Relativierung. Vom 2. Jh. an hat die Christenheit freilich nur noch die kritischen Töne des Paulus – abgelöst von ihrer konkreten Konfliktsituation – kultiviert. Diese Verengung hat eine schlimme Wirkungsgeschichte ausgelöst, bis hin zum neuzeitlichen Antisemitismus. Das Erbe der Tora als ein gemeinsames Erbe von Juden und Christen zu entdecken und zu pflegen ist deshalb eine Aufgabe, die sich in unseren Tagen mit neuer Dringlichkeit stellt.

12. Zeigefinger und Moral

»Wer anderen eine Grube gräbt«

Ein bisschen Weisheit schadet nicht

Eine ganze Reihe von oft gebrauchten Sprichwörtern stammt aus dem Alten Testament: »Wer anderen eine Grube gräbt, fällt selbst hinein« findet sich in Ps 57,7. »Recht muss Recht bleiben« steht in Ps 94,15. »Den Seinen gibt's der Herr im Schlaf« lässt sich in Ps 127,2 nachlesen; »Hochmut kommt vor dem Fall« im Buch der Sprüche 16,18. Und selbst die Mahnung »Wer Wind sät, wird Sturm ernten« lässt sich finden – in Hos 8,7.

Diese Sprüche werden noch heute oft gebraucht, weil sie einen eindeutigen Zusammenhang ausdrücken: Wer Böses tut, soll auch Böses erleiden. Wer aber Gutes tut, an Gott glaubt, seine Gebote hält, dem wird es gut gehen. In vielfältigen Variationen finden wir diese Überzeugung im Alten Testament. Meist sind die Sprüche eingängig formuliert, die Aussagen werden mit kleinen Änderungen wiederholt. So heißt es in Spr 26,27: »Wer eine Grube macht, der wird hineinfallen; und wer einen Stein wälzt, auf den wird er zurückkommen.« Durch die Wiederholung (die Forschung spricht vom ›Parallelismus‹) kann man sich die Sprüche leichter merken. Oft werden sie auch zu Fünfer- oder Zehnerreihen zusammengestellt, so dass man sie an den Händen abzählen kann: Kein Spruch, kein Gebot soll vergessen werden.

Das weist schon darauf hin, wo solche Sprüche ursprünglich verfasst wurden. Man geht davon aus, dass sie aus dem Bereich der Erziehung kommen, dass sie zur Bildung an den Schulen und Höfen dienten. Nun muss man wissen, dass Bildung im Altertum ein großes Privileg war. Nur wenige Menschen konnten schreiben, galten damit als Weise. Sie dienten als Ratgeber und Beamte und wurden wiederum Weisheitslehrer. So wurden die Sprüche mündlich und schriftlich immer weiter überliefert.

Jede Bildung vermittelt bewusst oder unbewusst bestimmte Werte, eine Weltvorstellung. Hier nun ist ein Unterschied zwischen uns und dem Alten Testament zu sehen: Nach unserem Denken stellt man sich Gott oft so vor, dass er auf menschliche Taten mit Lohn oder Strafe reagiert, dass er eine Art Gericht hält. Dies trifft für das Alte Testament nur am Rande zu, denn hier wird die gesamte Wirklichkeit als ein von Gott geschaffener Lebenszusammenhang gesehen. Jeder muss seine Taten danach ausrichten, dass sie der Gemeinschaft dienen. Eine abstrakte Vorstellung von Gerechtigkeit gibt es also nicht. Wenn es der Gemeinschaft dienlich ist, darf man zum Beispiel lügen, wie es Jonatan in 1Sam 20 für David tat. Notfalls darf man auch töten – wir kennen das heute als das Problem des Tyrannenmordes.

Wer nun gemeinschaftstreu handelt, der schafft eine Art positiver Aura um sich, die sich auch wieder positiv für den Täter auswirken wird, vgl. Spr 21,21: »Wer Gerechtigkeit nachjagt, der findet Leben, Heil und Ehre«. Wer aber negativ handelt, erzeugt eine negative Aura, die sich gegen ihn wenden wird: Er fällt in die selbstgegrabene Grube. Diesen Zusammenhang von gutem und schlechtem Handeln und entsprechendem Ergehen wollen unsere Sprichwörter ›einpauken‹.

Doch alles Lernen kann nicht verhindern, dass es in der Welt anders zugehen kann: Der Böse wird nicht bestraft, dem Gerechten geht es nicht gut – oft nicht einmal in den Schulen. Dieses Problem wird in der Hiob-Erzählung breit ausgeführt – aber nicht gelöst. Wahrscheinlich ist es auch gar nicht zu lösen, jedenfalls nicht in diesem Leben. Vielleicht sind ja unsere Sprichwörter gerade deshalb so beliebt, weil sie eine Welt beschreiben, wie sie sein sollte: In der gutes Handeln belohnt wird, in der es Gerechtigkeit gibt. Dass dazu auch Gottvertrauen gehört, ist die feste Ansicht der Bibel, und daher sei eine letzte Weisheit aus dem Alten Testament genannt: »Die Furcht des Herrn ist der Anfang der Erkenntnis« (Spr 1,7).

Statue eines ägyptischen Schreibers im Louvre, Paris

»Wer nicht arbeitet, soll auch nicht essen.«

Nicht alles geht mit Liebe

»Die Arbeit ist in der UdSSR Pflicht und Ehrensache eines jeden arbeitsfähigen Bürgers nach dem Grundsatz: ›Wer nicht arbeitet, soll auch nicht essen.‹« So begann der Artikel 12 der Verfassung der Sowjetunion zur allgemeinen Arbeitsverpflichtung. Ob den Architekten einer kommunistischen Ordnung wohl bewusst war, dass dieser ›Grundsatz‹ dem Neuen Testament entstammt, genauer 2Thess 3,10? Gehört Faulheit vielleicht zu den Gefahren, die mit der Erwartung paradiesischer Zustände verbunden sind?

Ohne Frage spiegelt dieses Wort etwas von dem hohen Arbeitsethos der frühen christlichen Gemeinden wider. Mit Arbeit ist dabei die Handarbeit gemeint, die in jüdischer Tradition von jeher ein hohes Ansehen genoss. In der hellenistischen Welt war das anders. Wer zur sozialen Oberschicht gehörte, sah mit Verachtung auf die ›Banausen‹ herab – auf jene, die sich ihren Lebensunterhalt durch körperliche Anstrengung verdienen mussten. Als standesgemäß galten nur solche schweißtreibenden Tätigkeiten, die mit sportlichen oder militärischen Ehren verbunden waren. In den christlichen Gemeinden indessen lebte die Hochschätzung der Handarbeit fort. Paulus, von Beruf Textilarbeiter, verkündigte das Evangelium Jesu von Nazaret, der vermutlich selbst den Beruf eines Zimmermannes erlernt hatte. Paulus verdiente sich seinen Unterhalt auf Reisen durch Gelegenheitsarbeit – in Korinth etwa bei den Kollegen Aquila und Priszilla (Apg 18,2–3) – und vermochte damit sogar die nötige Anschubfinanzierung für weitere missionarische Unternehmungen aufzubringen. Auch in den Gemeinden der hellenistischen Metropolen erschien das offenbar plausibel, denn außer den wenigen wohlhabenden Gemeindegliedern gab es stets eine größere Gruppe, die zur sozialen Unterschicht gehörte.

Schmiedewerkstatt, Orvieto, 6. Jh. v. Chr.

Eng verbunden mit dieser Haltung zeigt sich eine bemerkenswerte Sozialfürsorge. Die kleinen christlichen Gruppen machen Ernst mit der Forderung aus Dtn 15,4: »Es soll bei dir keinen Bedürftigen geben.« Lukas weiß von der Jerusalemer Gemeinde der Anfangszeit zu berichten, dass dort ein Güterausgleich je nach Bedarf stattgefunden habe (Apg 2,42–47/4,32–35). Wer aber andere unterstützen will und selbst nichts hat, muss erst etwas erwirtschaften. So lautet z. B. die verblüffende Mahnung in Eph 4,28: »Wer ein Dieb ist, stehle nicht mehr. Vielmehr mühe er sich ab und schaffe mit den eigenen Händen das nötige Gut, damit er etwas habe, um dem Bedürftigen abzugeben.« Dem Nächsten nicht mehr zu schaden, genügt noch nicht – das Ziel besteht darin, dem Nächsten aktiv zu helfen. In der Antike wundert man sich über diese merkwürdigen Christen. Ihre Liebestätigkeit ist ohne Beispiel. Sie wird in der antiken Gesellschaft als das auffälligste Markenzeichen dieser neuen Gemeinschaft wahrgenommen.

Damit ist jedoch auch die Gefahr des Missbrauches gegeben. Schon Paulus muss sich immer wieder gegen verschiedene Verdächtigungen wehren und betonen, niemandem je zur Last gefallen zu sein. In der Gemeinde des 2. Thessalonicherbriefes kommt es offenbar dazu, dass einige »ein unordentliches Leben führen und alles mögliche treiben, nur nicht arbeiten.« Eine Kirchenordnung des 2. Jh.s muss dann schon Regeln aufstellen, wie lange reisende Propheten und Lehrer aufgenommen werden dürfen: Wer länger als drei Tage zu bleiben begehrt, ist ein ›Lügenprophet‹! Was in der Anfangszeit noch funktionierte, als die Gemeindegruppen klein, überschaubar und von einem hohen Maß an Verbindlichkeit geprägt waren, wird mit zunehmender Ausbreitung und zahlenmäßigem Wachstum immer schwieriger. Man muss Regeln aufstellen, die ein ›ordentliches‹, geordnetes Leben garantieren – und das auf eine Weise, die nicht mehr der spontanen Entscheidung überlassen bleibt. Von der zweiten Generation an beginnen die Gemeinden, nach dauerhaften Strukturen ihres Zusammenlebens zu suchen. Eine geregelte Arbeit gehört dazu.

Mahnungen wie die aus 2Thess 3,10 haben immer wieder Unbehagen ausgelöst. Kommen sie nicht ein bisschen hausbacken oder kleinbürgerlich-gesetzlich daher? Gingen nicht Paulus und die Gemeinden der Anfangszeit vor allem von der überwältigenden Erfahrung der Zuwendung Gottes in Christus aus? Sollte nicht der »gegenseitige Sklavendienst der Liebe« (Gal 5,13) bestimmend sein, getragen von einem Glauben, der schon seinem Wesen nach »durch die Liebe(stätigkeit) wirksam ist« (Gal 5,6)? Dennoch wollte und konnte man auf konkrete Mahnungen nicht verzichten. Es ist ein Stück ›Realpolitik‹ christlichen Alltagslebens, auch das, was selbstverständlich sein sollte, immer wieder in Erinnerung zu bringen. Mit einer Art ›Verfassung‹ und ihren zahlreichen Artikeln hat das nichts zu tun. Christen sind nicht auf ein neues Verhalten verpflichtet – sondern dazu befreit.

13. Leid und Ausgrenzung

»Der Herr hat's gegeben, der Herr hat's genommen«

Hiob und die Frage nach dem Leiden

Von ›Hiobsbotschaften‹ hat wohl jeder schon gehört – man versteht darunter überraschend hereinbrechende, schlechte Nachrichten. Das geflügelte Wort stammt einmal mehr aus der Bibel, es ist abgeleitet aus einer Erzählung, die sich im Buch Hiob findet. (In der katholischen Tradition wird es als Ijob bezeichnet, was dem hebräischen Namen näher steht.) Liest man diese Geschichte, so bemerkt man zunächst, dass nur eine Seite des Geschehens im Wort von der Hiobsbotschaft enthalten ist: die der katastrophalen Neuigkeit. Nicht zum Ausdruck gebracht werden dagegen der Grund für die Schicksalsschläge und die angemessene Reaktion darauf. Das aber sind gerade die Themen, auf die es dem biblischen Buch ankommt.

Wer Goethes ›Faust‹ kennt, dem ist auch der Beginn des Hiobbuches vertraut: Gott und der Satan – der hier noch keine Teufelsgestalt ist – wetten miteinander. Gott gibt ein bisschen damit an, dass sein Knecht Hiob besonders fromm und rechtschaffen sei. Satan hält dagegen, dass Hiob Gott nur ehre, weil Gott es ihm gut gehen lasse – Religion sei also nur ein lukratives Tauschgeschäft. Zur Probe darf der Satan dann Hiobs Hab und Gut antasten, und hier nun kommt es zu den Hiobsbotschaften: Seine Tiere, die Knechte und sogar seine Kinder kommen um. Doch trotz dieser Nachrichten bleibt Hiob seinem Gott treu: »Der Herr hat's gegeben, der Herr hat´s genommen, der Name des Herrn sei gelobt«.

Ein frommer Dulder bleibt Hiob auch, als ihm der Satan in der nächsten Wettrunde Krankheiten sendet. Selbst als seine Frau ihm rät, Gott abzuschwören, bleibt er seinem Glauben treu. Und die Moral von der Geschicht? Misstraue Deinem Gotte nicht! So könnte man diese kurze Erzählung zusammenfassen, die tatsächlich auch so schlicht endet – dies allerdings ist erst im 42. Kapitel nachzulesen. Danach wird Hiob wegen seiner Treue von Gott gesegnet, sein Reichtum ist größer als je zuvor. Ein Happy End also.

Doch es bleiben Fragen: Warum wird der Satan nicht mehr erwähnt? Man würde doch erwarten, dass Gott den Ausgang der Wette nochmals mit ihm diskutiert. Und was Hiob betrifft: Kann er jetzt wirklich glücklich sein? Können neue Kinder den Verlust der getöteten aufwiegen? Kann man lebensgeschichtliches Leid durch Reichtum vergessen machen? Und schließlich: Was ist das für ein Gottesbild, das so leicht Leiden und Tod akzeptiert – um einer Wette willen? Die Figur des frommen Dulders Hiob lässt also schwerwiegende theologische Fragen offen.

Faszinierend ist nun, dass man schon im Altertum diese Probleme gesehen hat. Daher wurde die Hiob-Erzählung erweitert; die Kapitel 3–42,6 haben also andere Verfasser: Zunächst treten drei Freunde auf, die mit Hiob die Frage diskutieren, welche Gründe es für sein Leid gibt (Kap. 3–27). Während Hiob darauf besteht, dass er schuldlos ist, wollen sie ihm nachweisen, dass er irgendwie doch gesündigt haben müsse. Andernfalls wäre Gott ja ungerecht, und das ist ausgeschlossen. Doch genau in diese Position steigert Hiob sich hinein, bis hin zur Anklage an Gott, den er vor ein Gericht ziehen möchte. Wenn Hiob nicht gesündigt hat, muss im Umkehrschluss Gott ungerecht sein. Aus dem frommen Dulder ist nun der Rebell Hiob geworden.

Eine weitere Stimme meldet sich überraschenderweise zu Wort, ein vierter Freund, von dem vorher nicht die Rede war (Kap. 32–37). Er überlegt etwas Neues: Es kann ja sein, dass Hiob ungerecht leidet. Aber er leidet nicht grund- und nutzlos, denn mit seinem Leiden kann er anderen als Beispiel gelten und sie vor Ungerechtigkeiten bewahren. Im großen Plan der göttlichen Gerechtigkeit können demnach kleine Ausnahmen möglich und nötig sein. Doch der Freund tritt ab, ohne dass seine Position kommentiert würde.

Statt dessen meldet sich Gott selbst zu Wort, der ja direkt angegriffen wurde (Kap 38–41). Doch ohne Hiob auf seine konkreten Fragen zu antworten, putzt er ihn

Verhöhnung Hiobs durch seine Freunde und den Satan, Chartres

herunter: Ob er, Hiob, denn bei der Schöpfung dabei gewesen wäre? Ob er wisse, wann Gemsen gebären, ob er springen könne wie eine Heuschrecke? Nein? Aber dann Gott herausfordern ... Oder ob er wisse, was alles dazu gehöre, ein Untier namens Behemot zu schaffen oder auch nur ein Krokodil? Nein? Tja ... Hiob ist offenbar von dieser Argumentation überzeugt, er widerruft und tut Buße in Staub und Asche. Der Rebell wirkt nun als Duckmäuser – schade eigentlich, und ganz unverständlich nach der leidenschaftlichen Argumentation vorher.

Das Hiobbuch ist also, das soll diese Nacherzählung andeuten, nicht aus einem Guss. Es vereint mehrere Stimmen zum Problem, welche Gründe das Leiden haben kann. Offenbar – das verbindet die unbekannten Schreiber mit uns heute – war man mit den bisherigen Antworten nicht zufrieden, machte immer neue Anläufe bei der Suche nach Klärung. Erhellend ist dabei, dass man die früheren Antworten nicht einfach löschte, sondern sie stehen ließ und ergänzte. Bei diesen großen Fragen des menschlichen Lebens kann es keine allgemein gültige Antwort geben.

So ist dann auch verständlich, warum uns die Hiobfigur als Dulder *und* als Rebell entgegen tritt: Auch auf die Frage des persönlichen Umgangs mit Hiobsbotschaften gibt es verschiedene Möglichkeiten der Antwort; keine kann für alle Menschen gleichermaßen gelten, nicht einmal für *einen* Menschen in allen Lebenslagen. Der Name ›Hiob‹ verbindet sich demnach nicht nur mit schlechten Nachrichten, sondern kann selbst als Botschaft verstanden werden: Leiden, das in jedem menschlichen Leben in unterschiedlichem Maß begegnet, ist auf seinen tieferen Sinn hin zu befragen. Und selbst wenn es sinn-los erscheint, sollte der eigene Umgang damit sinn-voll sein.

»... wie Nichtbürger und Fremdlinge ...«

Christen in der Minderheit

»Verzage nicht, du Häuflein klein, obschon die Feinde willens sein, dich gänzlich zu verstören, und suchen deinen Untergang, davon dir wird recht angst und bang: es wird nicht lange währen.« Diese Liedstrophe (EG 249,1) schrieb der Theologe Jakob Fabricius zur Zeit des 30-jährigen Krieges. Er verdichtete darin Erfahrungen, die Christen zu allen Zeiten, in ganz verschiedenen Regionen und unter wechselnden politischen Konstellationen immer wieder machen. Christen befinden sich auch heute wieder zunehmend in der Minderheit – nicht nur in islamischen Ländern, sondern auch im ›christlichen‹ Abendland. Es gibt genügend Orte, an denen sie isoliert und unter Anfeindungen leben – mit der Hoffnung: Es wird nicht lange währen. Was bedeutete es etwa zu DDR-Zeiten gerade für Kinder, schon in der Grundschule von den überlegenen ›Pädagogen‹ als Christenlehregänger immer wieder lächerlich gemacht und als ›kleines Häuflein‹ bloßgestellt zu werden!

Die Fremdheitserfahrung fängt schon früh an. In der Nachfolge Jesu verlassen Menschen ihre Heimat, ihre Familien, ihre Existenzgrundlagen, und lassen sich auf eine ungewisse Zukunft ein. Nach Ostern findet in Jerusalem die versprengte Schar jener Galiläer wieder zusammen – fern von dem ihnen vertrauten See Gennesaret und auf fremde Unterstützung angewiesen. Diejenigen, die dann später mit dem Evangelium in die Welt des römischen Reiches aufbrechen, müssen sich in den weitläufigen Povinzen ziemlich verloren vorgekommen sein. Auf dem belebten Marktplatz in Athen wird Paulus von den gerade anwesenden Philosophen neugierig gemustert (Apg 17,18): »Was will denn wohl dieser Körnerpicker sagen?« Immerhin findet er auch ein wenig Rückendeckung durch seine Landsleute. Denn das Judentum hat in der Antike schon seine eigenen Erfahrungen mit dem Minderheitenstatus gemacht. Überall rings um das Mittelmeer gibt es kleine Synagogengemeinden, die sich gegenüber einer meist feindlich eingestellten Umwelt behaupten müssen. Diese Orte in der ›Diaspora‹ (= Zerstreuung) werden zum ersten Anlaufpunkt für die Boten des Evangeliums.

Besonders drastisch äußert sich die Lage gesellschaftlicher Isolation im 1. Petrusbrief. Schon die Anrede ist bezeichnend: »... an die auserwählten Fremdlinge, die zerstreut sind in Pontus, Galatien, Kappadozien, Asien, Bithynien ...« (1,1). Ein großes Generalthema durchzieht den ganzen Brief: das Leiden. Aber offensichtlich geht es dabei nicht um akute Verfolgungen – eher um eine Art von alltäglichem Mobbing. Die Christen, die inzwischen aus dem Raum der Synagoge herausgetreten sind, werden als ein Fremdkörper wahrgenommen. »Deshalb sind sie (die anderen) befremdet und lästern, weil ihr nicht mitlauft ...« (4,4). Die Gemeinde steht im Kontrast zu ihrer Umwelt. »Geliebte, ich ermahne euch wie Nichtbürger und Fremdlinge ...« (2,11). Beide Begriffe beschreiben einen deutlich bestimmbaren sozialen Status: der Nichtbürger (Paroikos) lebt gleichsam mit ›unbegrenzter Aufenthaltserlaubnis‹, aber minderen Rechten im betreffenden Gemeinwesen, der Fremde (Parepidemos) ist einer, der nur befristet und bestenfalls gastweise am Ort verweilt. Finden die Christen keine Bindung zu ihrer gesellschaftlichen Wirklichkeit? Sind sie dazu überhaupt bereit?

Auch in anderen Schriften klingen ähnliche Töne an. Der Hebräerbrief beschreibt die Kirche im Bild des wandernden Gottesvolkes. Sie lebt in einem Provisorium – nicht der Tempel, sondern das Zelt der Wüstenzeit dient ihr als treffendste Metapher. Sie schlägt keine Wurzeln, denn sie erstrebt »eine bessere Vaterstadt (Patris), das ist die himmlische.« (11,16) – »Denn wir haben hier keine bleibende Stadt (Polis), sondern die künftige suchen wir.« (13,14). Schon Paulus wusste, dass diejenigen, die zu Christus gehören, eine Art doppelten Pass besitzen: »Unsere Heimat (Politeuma) aber ist in den Himmeln ...« (Phil 3,20). Der Begriff ›Politeuma‹ steht für das Gemeinwesen, in dem man volles Bürgerrecht genießt.

Christus als Weltenrichter, Rumänien/Kloster Humor, 16. Jh.

Das alles erweckt den Eindruck, als ob sich die Christen aus der Gesellschaft zurückziehen und sich gegenseitig auf ein unbestimmtes Jenseits verströsten wollten. Aber Weltflucht ist nun wirklich das Letzte, was die frühe Christenheit vorhat. Der 1. Petrusbrief vertritt da eine klare Doppelstrategie. Einerseits muss man sich realistisch auf die Situation von Leid und Benachteiligung einstellen. Andererseits aber gilt es, diese feindliche, diffamierende, verächtliche Haltung der Umwelt zu widerlegen – und durch den alltäglichen Lebensstil Lügen zu strafen. Nicht in eine Nische sollen sich die Christen zum Überwintern zurückziehen. Sie sollen vielmehr die Keimzelle einer neuen Welt bilden. Dazu bedarf es keiner großen Worte, sondern der stillen, unbeirrten Taten. Die überzeugendste Werbung bestünde darin, dass sich die Christen letztlich als die ›besseren Staatsbürger‹ erweisen.

Durch alle Worte, die den bedrängten, leidvollen Status christlicher Existenz reflektieren, weht eine erstaunliche Gelassenheit. Wer schon bei Gott ›Bürgerrechte‹ besitzt, befindet sich – wo auch immer – in einer starken Position.

14. Gottesmänner und Apostel

»Sage nicht: Ich bin zu jung!«

Prophetenberufung in Israel

Eine Reihe absonderlicher Gestalten begegnet uns im Alten Testament: Von einem, Jeremia ist sein Name, wird erzählt, dass er mit einem Joch auf dem Nacken durch Jerusalem läuft, um die Unterwerfung durch die Babylonier anzukündigen. Ihm tritt ein anderer – Hananja – entgegen, der ebenfalls im Namen Gottes verkündet, das Joch der Babylonier werde zerbrochen. Folglich zerbricht er das Joch, das Jeremia trägt (Jer 27+ 28). Das aber ist noch nichts gegen Jesaja, der ca. 100 Jahre früher drei Jahre lang nackt und barfuß durch Jerusalem gelaufen sein soll, als Zeichen gegen die Ägypter (Jes 20). Oder Ezechiel: 190 Tage soll er auf einer Seite liegen; so lange dauere die Schuld Israels. Danach muss er auch noch Rindermist essen (Ez 4). Hosea schließlich heiratet eine Hure, als Zeichen für die Untreue Israels. Kein Wunder also, dass schon Zeitgenossen die Propheten als meschugge, als verrückt eingeschätzt haben (Hos 9,7).

Was sind das für Menschen, von denen die Bibel auf so kuriose Weise berichtet? Wie kamen sie dazu, sich so absonderlich zu benehmen? Diese Fragen verfolgen nicht das Interesse eines biblischen Regenbogenjournalismus, sondern sie führen zu einer der wichtigsten Dimensionen gesamtbiblischer Botschaft. Denn auf den Verheißungen ebendieser Propheten baut ja das Neue Testament auf; ihre Botschaften gelten als in Jesus Christus erfüllt.

Wie also wird man Prophet in Israel? Zunächst einmal ist ein weit verbreitetes Missverständnis auszuräumen. Es ist nämlich nicht so, dass es nur in Israel Propheten gab. Auch aus Mari, einer Stadt am Euphrat, werden schon aus dem 2. Jt. v. Chr. Briefe prophetischen Inhalts berichtet. Ebenso gab es in Assyrien Propheten, und aus der unmittelbaren Nachbarschaft Israels, einem Ort namens Deir Alla am Jordan, ist sogar ein Seher namens Bileam bekannt. Dessen Botschaft ist so eng verwandt mit dem, was die Bibel in Num 22–24 schildert, dass dieselbe Gestalt gemeint sein muss.

Tonmodell einer Leber – in Regionen unterteilt und beschriftet

Hinzu kommt ein Weiteres: Seit Cicero differenziert man das Phänomen der Wahrsagerei in *induktive* und *intuitive* Mantik (= Wahrsagekunst). Die induktive Mantik bedient sich bestimmter Vorzeichen, beispielsweise Tierlebern, oder besonderer astronomischer Konstellationen, und leitet daraus Vorhersagen über die Zukunft ab. Im Alten Testament werden etwa das Werfen der Orakelstäbe Urim und Tummim erwähnt (Esra 2,63), Leber- und Pfeilorakel des Königs Nebukadnezzar (Ez 21,26) oder astrologische Vorzeichen (vgl. Jer 8,2). Diese technischen Orakel wurden besonders in Institutionen wie dem Königshof oder Tempel gepflegt. Sie setzten eine intensive Ausbildung voraus und waren bei politischen, aber auch juridischen Entscheidungen von großer Bedeutung.

Demgegenüber geschieht die intuitive Mantik durch Visionen und Auditionen, dies ist bei alttestamentlichen Propheten zu beobachten. Wie es zu solchen Eingebungen kam, ist kaum zu erklären; in der Forschung hat man ohne überzeugende Ergebnisse eine ganze Reihe von Thesen diskutiert. Interessant sind aber zwei Faktoren: Zum einen fällt als häufig berichtetes Motiv auf, dass sich die berufenen Propheten gegen den göttlichen Auftrag wehren. So erhebt Jeremia den Einwand, er sei zu jung (Jer 1,6); Jesaja protestiert, seine Lippen seien unrein. Und selbst von Mose wird berichtet, dass er sich gegen den Auftrag Gottes wehrt: er habe eine schwere Zunge (Ex 4,10).

Auch wenn diese Berichte nicht im strikten Sinne biographisch zuverlässig sind, wird doch deutlich, dass die erfahrene Berufung als persönliche Last zu verstehen ist. Das wird im dritten der so genannten Gottesknechtslieder in Jes 50 deutlich; danach macht der Prophet sein Gesicht hart wie Stein, um den Anfeindungen zu widerstehen.

Wichtiger noch ist eine andere Beobachtung: Die Propheten waren offenbar hoch gebildete Menschen. Das zeigt sich an ihrer Sprache, in der sie eine Vielfalt von Redeformen aufnehmen und im Sinne ihrer Botschaft pointiert einsetzen konnten. Dies reicht bis hin zur Totenklage »Wehe!«, die über den Gegnern angestimmt wird und ihren Untergang vorhersagt (Am 5,18). Gleichzeitig zeigen die meisten Propheten eine erstaunliche Vertrautheit mit den historisch-politischen Verhältnissen ihrer Zeit. Das führt sie in Verbindung mit ihren Intuitionen zu einer besonderen Einsicht in die von Gott gewirkte Dynamik der Geschichte. So lehren sie die Hörer verstehen, dass die aktuellen Ereignisse einen Sinn haben, dass etwa die drohende Eroberung des Nordreiches Israel als gerechte Strafe für die hurerische Untreue Israels zu verstehen ist (Hosea).

Mit solchen Botschaften haben sich die Propheten zunächst lächerlich gemacht. Doch erstaunlicherweise sind die angekündigten Ereignisse dann doch eingetroffen; im Jahr 722 ging das Nordreich unter, 150 Jahre später wurde auch das Südreich Juda erobert. Das war dann der Anlass zu kultischen und theologischen Neuausrichtungen, die wohl der Religion Israels das Überleben trotz aller Katastrophen ermöglicht haben. Hinzu kam, dass jetzt die Aussprüche dieser Propheten gesammelt und unter ihrem Namen weiter überliefert wurden; dies ist nun tatsächlich ein Novum in der Literaturgeschichte des Alten Orients. Bei dieser Sammlung wurden die ursprünglichen Prophezeiungen jedoch überarbeitet, erweitert oder auch kommentiert, so dass heute unklar ist, welche Bestandteile noch auf die ursprünglichen Propheten zurückzuführen sind. Doch an dem Faktum, dass das Prophet-Sein in Israel zu den absonderlichsten Berufen gehörte, konnten auch die späteren Redaktoren nichts ändern.

»Wie der letzte Dreck der Welt sind wir geworden.«

Führungsschwäche bei Paulus?

»Um Erfolg zu haben, muss man aussehen, als habe man Erfolg.« Nach diesem Spruch des Satirikers Valentin Polcuch hätte der Apostel Paulus mit seiner Evangeliumsverkündigung gar nicht erst zu beginnen brauchen. Denn weder seinen Zeitgenossen noch sich selbst galt er als besonders erfolgsverwöhnt. »Seine Briefe, sagen sie, sind gewichtig und stark, aber sein persönliches Auftreten ist schwach, und seine Rede ist armselig.« (2Kor 10, 10) Immer wieder zählt Paulus gerade in seinen so starken Briefen auf, was er an Misserfolgen doch besser verschweigen sollte: »Ich ertrug mehr Mühsal, war häufiger im Gefängnis, wurde mehr geschlagen, war oft in Todesgefahr. Fünfmal erhielt ich von Juden die neununddreißig Hiebe; dreimal wurde ich ausgepeitscht, einmal gesteinigt, dreimal erlitt ich Schiffbruch, eine Nacht und einen Tag trieb ich auf hoher See. Ich war oft auf Reisen, gefährdet durch Flüsse, gefährdet durch Räuber, gefährdet durch das eigene Volk, gefährdet durch Heiden, gefährdet in der Stadt, gefährdet in der Wüste, gefährdet auf dem Meer, gefährdet durch falsche Brüder. Ich erduldete Mühsal und Plage, durchwachte viele Nächte, ertrug Hunger und Durst, häufiges Fasten, Kälte und Blöße. Um von allem andern zu schweigen, weise ich noch auf den täglichen Andrang zu mir und die Sorge für alle Gemeinden hin.« (2Kor 11,23–28) In 1Kor 4,13 zieht er ein ungeschöntes Fazit: »Wie der letzte Dreck der Welt sind wir geworden, der Abschaum aller, bis jetzt.«

Es geht auch anders. Der römische Kaiser Augustus (31 v. Chr. – 14 n. Chr.) hinterließ einen Bericht, der die

Großtaten seiner Regierungszeit aufzählte. In Gestalt von Inschriften veröffentlicht, ist er bis heute erhalten geblieben: »Mit neunzehn Jahren habe ich aus privater Initiative und aus eigenen Mitteln ein Heer aufgestellt ... Kriege zu Wasser und zu Land habe ich oftmals geführt, und als Sieger habe ich allen Mitbürgern, die um Gnade baten, Schonung gewährt ... Zweimal habe ich den Triumph gefeiert in Form der Ovation und dreimal in Form des kurulischen Triumphs; einundzwanzigmal wurde ich zum Imperator ausgerufen ... Mein Name wurde auf Senatsbeschluss dem Kultlied der Salier beigefügt ... Viermal habe ich mit meinem eigenen Vermögen die Staatskasse saniert ... Seit dieser Zeit überragte ich alle an Autorität ...« – der Bericht ist lang und detailliert, er umfasst im Ganzen 35 Abschnitte sowie vier weitere Zusätze.

Gegensätzlicher könnte die Selbstdarstellung kaum ausfallen. Oder kokettiert Paulus nur mit seiner Schwäche? Soll der Verweis auf die zahlreich überstandenen Gefahren vielleicht am Ende doch so etwas wie Überlegenheit dokumentieren? Wie auch immer – der Tonfall ist jedenfalls nicht ganz ungefährlich. Trifft es denn zu, das Christen auf die Seite der Verlierer gehören, wenig durchsetzungsfähig sind, sich ins Abseits drängen lassen, eine Mentalität von Duldern und Dienern entwickeln? Wenn Paulus als Vorbild seiner Gemeinden fungiert und mittels starker Briefe ein solches Selbstbild propagiert – wirkt das nicht am Ende kontraproduktiv? Welcher Personalchef würde Paulus heute einen Job geben?

Das Anliegen des Paulus liegt offen zu Tage. Er möchte, dass ausschließlich die Sache des Evangeliums im Zentrum seiner Verkündigung steht. Gegen die Versuchung, selbst als Gründergestalt, Religionsstifter oder auch nur als Übervater seiner Gemeinden betrachtet zu werden, fährt er schwerstes Geschütz auf. Auch das leiseste Missverständnis soll hier ausgeschlossen werden. Offenbar weiß er genau, wie schnell persönliche Abhängigkeiten entstehen – und wie groß die Versuchung eigener Vorteilnahme ist. Deshalb nimmt er sich in einer geradezu provozierenden Weise zurück. Gegenüber Gemeindegliedern, die sich auf Kosten des inhaftierten Apostels zu profilieren suchen, äußert er: »Aber was soll's? Nur, dass auf jede Weise – sei es zum Vorwand oder in Wahrhaftigkeit – Christus verkündigt wird. Und darüber freue ich mich.« (Phil 1,18) In 2Kor 2,14 schildert er seine eigene Tätigkeit in einem drastischen Bild (wörtlich): »Gott aber sei Dank, der uns allezeit im Triumphzug mitführt in Christus ...« – der ›Imperator‹ ist Christus, Paulus aber sein Gefangener, dessen Zur-Schau-Stellung nur die Funktion hat, den Ruhm des siegreichen Feldherrn zu erhöhen.

Eine solche Haltung basiert auf der Bereitschaft zu persönlichem Verzicht. Wer das Evangelium glaubwürdig bezeugen will, kann damit keine Karriere planen. Das mag ernüchtern, entlastet aber auch. Denn es bedeutet: Bei allem Einsatz steht und fällt der ›Erfolg‹ der Arbeit nicht mit den eigenen Qualitäten. Gerade die Defizite weisen darauf hin, dass Gott selbst seiner Sache zum Durchbruch verhilft. »Lass dir an meiner Gnade genügen. Denn die Kraft erweist sich in Schwacheit.« (2Kor 12,9) Nur in diesem Sinne kann sich Paulus seiner Niederlagen rühmen, ohne den Vorwurf der Koketterie zu bestätigen.

Allerdings macht sich Paulus auch nicht kleiner, als er ist. Nachdem er in 1Kor 15,8–9 seine frühere Feindschaft gegen die christlichen Gemeinden selbstkritisch und schonungslos bekannt hat, fährt er fort: »Aber durch Gottes Gnade bin ich, was ich bin. Und seine Gnade mir gegenüber ist nicht umsonst gewesen. Denn ich habe viel mehr gearbeitet, als sie alle – nicht aber ich, sondern die Gnade Gottes, die mit mir ist.« In diesem nüchternen Blick für die Proportionen liegt die Stärke des Paulus. Und die ist tatsächlich vorbildhaft.

Tatenbericht des Augustus, Ankara

15. Hoffnung und Sehnsucht

»Schwerter zu Pflugscharen«

Schönes neues Jerusalem

Vor dem Gebäude der UNO in New York steht eine Plastik, die vor allem als Abzeichen der Friedensgruppen in der DDR bekannt wurde: Ein Mann schlägt mit einem Hammer auf ein Schwert ein, so dass es zur Pflugschar wird. Der in der Nachrüstungsdebatte um 1980 so eingängige Slogan ›Schwerter zu Pflugscharen‹, der in New York plastisch umgesetzt wurde, verweist zurück auf eine Weissagung, die sich im Alten Testament gleich in doppelter Überlieferung findet:

Aufnäher »Schwerter zu Pflugscharen«

Die Weissagung steht in Mi 4,1–4 und Jes 2,2–4. Liest man sie nach, sieht man schnell, dass das Bild von den Schwertern in ein größeres Szenario eingebettet ist, das ›am Ende der Tage‹ geschehen wird. In der Fachsprache der Exegese handelt es sich demnach um eine *eschatologische* Prophezeiung. Ort des endzeitlichen Geschehens ist Jerusalem, das zum geographischen und zeitlichen Zielpunkt der Geschichte wird. Alle Völker pilgern dorthin, sie fordern sich sogar gegenseitig auf: »Lasst uns hinaufziehen zum Berg JHWHs, zum Haus des Gottes Jakobs«. Ziel der Reise ist also nicht die Stadt Jerusalem, sondern der Tempel. In der Forschung spricht man daher von der Erwartung einer Völkerwallfahrt zum Zion.

Die beiden Texte sind außerordentlich umstritten: weder ist ihr Autor bekannt noch die ungefähre Zeit ihrer Entstehung; die Datierungsansätze differieren um bis zu 500 Jahre. Um die Besonderheit zu verstehen, muss man sich einige historische Fakten vor Augen führen: Im Gefolge der Bibel und der drei monotheistischen Religionen gilt Jerusalem oft als Mittelpunkt der Welt, als Ort besonderer Gottesnähe. Dies ist eine der Folgen der alttestamentlichen Zionstheologie, die den Hügel, auf dem der Tempel des Gottes Israels stand, als Gottesberg schlechthin verstanden hatte.

Im Altertum jedoch war Jerusalem eine kleine, bescheidene Stadt, deren Tempel nicht einmal die Ausmaße einer heutigen Schulturnhalle hatte. Die Pracht, die die Bibel dem König Salomo und seinem Haus zuschrieb, darf ruhig als orientalische Übertreibung gewertet werden. Zudem lag Jerusalem abseits der großen Handelswege und hatte auch kein reiches Hinterland; kein Gedanke, dass die Völker der Welt dorthin kamen. Das gilt genauso für die religiösen Vorstellungen, denn antiken Menschen außerhalb Israels war nicht nur der

Gott JHWH gänzlich unbekannt, er galt ihnen gewiss auch als irrelevant, verglichen mit den großen Göttern wie Marduk, Ahuramazda oder Amun-Re.

Die Völkerwallfahrt zum Zion spiegelt also einen theologischen Wunsch. Doch genau dies ist bemerkenswert und ungewöhnlich. In einem polytheistischen Umfeld (in dem also viele Götter verehrt werden) ist es nämlich ein immenser theologischer Fortschritt, wenn die anderen Völker – die ja eigene Götter verehren – in den Bereich des einen Gottes hineingedacht werden. Hier zeigt sich eine Konsequenz des monotheistischen Gottesbildes (also des Eingottglaubens), das Israel seit der Exilszeit im 6. Jh. v. Chr. entwickelt hat. Der Text der Weissagung formuliert das so, dass die anderen Völker vom Zion her Recht und Weisung erhalten werden; gemeint ist wohl, dass sie alle den Gott Israels anerkennen. Die letzte Konsequenz ist dann, dass der gemeinsame Glaube an den einen Gott auch die Völker zu einer Menschheit eint, dass also Kriege überflüssig werden: Schwerter zu Pflugscharen, Speere zu Winzermessern.

Andere Texte formulieren diese Erwartung mit anderen Pointen, bekannt ist etwa der in den Evangelien aufgenommene Satz »Mein Tempel soll ein Bethaus sein für alle Völker« (Jes 56,7); im Buch Sacharja ist es der Messias, der den Kampfbogen abschafft und den Frieden gebietet (Sach 9). Belegt ist aber auch beim Propheten Joel die genau entgegengesetzte Endzeitvorstellung, die offenbar auf unsere Weissagung anspielt: Danach gibt es einen letzten Kampf der Völker untereinander, zu dem man die Pflugscharen zu Schwertern umschmieden soll! Nach dieser Vorstellung werden dann die fremden Völker Jerusalem nicht mehr betreten können, allein Israel gilt die heilvolle Zuwendung Gottes (Joel 4).

Aus heutiger Sicht betrachtet, hat sich die vollmundige Weissagung von der Völkerwallfahrt tatsächlich nicht erfüllt. Nicht einmal die Ächtung des Krieges hat sich durchgesetzt, wie in den diplomatischen Auseinandersetzungen vor dem zweiten Golfkrieg zu sehen war. Dennoch sei nicht vergessen, dass es zur Wirkungsgeschichte der wenigen Verse dieser Weissagung gehört, dass aus dem kleinen Jerusalem tatsächlich eine Stadt von globaler Bedeutung geworden ist. Während der Glaube an die anderen Götter des Altertums keine Rolle mehr spielt, ist der an den Gott Israels weiter verbreitet, als es sich die unbekannten Autoren haben vorstellen können. Das Standbild vor der UNO verweist darauf und markiert eine Verheißung und einen Auftrag zugleich.

»... und die Stadt ist aus reinem Gold ...«

Schöne neue Welt

Die Skyline von Manhattan, die Grachten von Amsterdam, der Zuckerhut von Rio de Janeiro, die Twin Towers von Kuala Lumpur, die Kirchen von Köln, der Tempelberg von Jerusalem – auf der guten alten Erde gibt es heute eine ganze Reihe eindrucksvoller Stadtansichten zu bewundern. Im Altertum waren es die Mauern von Babylon und Ninive, die man rühmte, bevor sich Rom den Rang einer Weltmetropole erwarb. Aber alle diese Orte werden weit in den Schatten gestellt von jener Vision, die der Seher Johannes in Offb 21–22 beschreibt. Er sieht das ›neue Jerusalem‹ von Gott her in Erscheinung treten: ein riesiger glänzender Kubus von 2000 km Seitenlänge, erbaut aus reinem, schimmerndem Gold, mit einer Umfassungsmauer aus Jaspis, schon in den Fundamenten auf kostbarste Edelsteine gegründet, dominiert von zwölf Toren, die aus je einer überdimensionalen Perle bestehen, durchzogen von einem kristallklaren Wasserstrom, gesegnet mit einer üppigen Vegetation.

Was da in die Feder des Visionärs fließt, sprengt jede reale Vorstellbarkeit. Die hilflosen Versuche vieler Bibelillustrationen sprechen eine deutliche Sprache. Wie kann ein solcher Koloss zudem »vom Himmel herabkommen«? Ohne Frage greift der Seher hier auf Bilder zurück, die in der alttestamentlich-jüdischen Überlieferung längst einen festen Platz haben. Jes 54,10–17 und 60–66 entwerfen ein großartiges Gemälde von der künftigen Herrlichkeit Jerusalems, aus dem viele der von dem Seher Johannes verwendeten Farben stammen. Zwei jüdische Schriften, die etwa zeitgleich mit der Offenbarung des Johannes entstanden sind – das 4. Esrabuch und die syrische Baruchapokalypse – erzählen ebenfalls von einer im Jenseits bereitgehaltenen Gottesstadt, die in der Heilszeit das gegenwärtig leidende Jerusalem ersetzen soll. Andere Texte beschreiben das ›obere Jerusalem‹ als einen Heilsort, der sich von jeher in Gottes Welt befand und dort auch bleibt (z. B. Gal 4, 26). Den Leserinnen und Lesern der Offenbarung des Johannes klingen sicher die Ohren.

Die Beschreibung der einzigartigen Cyber-City in Offb 20–21 verfolgt nicht die Absicht, detaillierte Informationen über irgend einen künftigen oder jenseitigen Ort zu liefern. Das zeigen die verschiedenen Spannungen ebenso deutlich an wie die zahlreichen Anleihen bei vertrauten Texten. Nach Vers 21,1 sieht Johannes »einen neuen Himmel und eine neue Erde. Denn der erste Himmel und die erste Erde sind vergangen, und das Meer ist nicht mehr.« Mit dieser neuen Schöpfung scheint die Gottesstadt identisch zu sein. Sie nimmt ferner die urzeitlichen Züge des Paradieses an und verkörpert mit dem Namen ›Jerusalem‹ auch noch die spezifischen

Heilshoffnungen Israels. Durch die Namen der 12 Apostel auf den Grundsteinen stellt sie zugleich den Bau der Kirche dar. Alles hat eine tiefe symbolische Bedeutung. Im Fluchtpunkt steht die Vollendung der Gemeinschaft mit Gott.

Etwas fehlt allerdings. Und genau dieses Defizit liefert den Schlüssel zum Verständnis des ganzen Bildes. Der Prophet Ezechiel hatte in ganz ähnlicher Weise und mit ganz ähnlichen Wendungen die Erneuerung des Tempels und seines Kultes beschrieben (Ez 40–48). Den Tempel aber sucht man in der Gottesstadt des Sehers Johannes vergeblich: »Und einen Tempel sah ich nicht in ihr, denn der Herr, Gott, der Allherrscher, ist ihr Tempel und das Lamm.« (21,22) Gott ›wohnt‹ nicht mehr an einem besonderen Ort, sondern er befindet sich mitten unter seinem Volk. An die Stelle des abgegrenzten Heiligtums tritt die offene Lebenswelt der Stadt als zentrale Metapher für die Gegenwart Gottes. Gott und ›das Lamm‹ (= Christus) garantieren eine Gemeinschaft, die keiner kultischen Vermittlung mehr bedarf. Von da aus weitet sich der Blick aus auf die neue Schöpfung. Weder Sonne noch Mond – und d. h. weder den Wechsel von Tag und Nacht noch eine Berechnung von Zeiten und Zyklen – wird es mehr geben. Die ›Herrlichkeit‹ Gottes lässt in ihrer unmittelbaren Zugänglichkeit selbst die gewaltigsten Phänome jener inzwischen vergangenen ›ersten‹ Schöpfung verblassen.

Gerade die überfließenden, alle städtebaulichen Maßstäbe ad absurdum führenden Elemente dieser letzten großen Vision warnen am nachdrücklichsten davor, die Zukunft Gottes auf kleinkarierte Einzelheiten festlegen zu wollen. Sie wird alles Vorstellbare übersteigen. Das größte Hoffnungsgut spricht der Seher dabei in den Versen 21,3–4 aus: »Siehe, die Wohnung Gottes bei den Menschen! ... Und er wird abwischen alle Tränen von ihren Augen, und der Tod wird nicht mehr sein, weder Leid, noch Geschrei, noch Mühsal wird mehr sein, denn das Erste ist vergangen.«

Stadt Gottes, Trier, 10. Jh.

16. Tod und Leben

»Versammelt zu den Vätern«

Auferstehung im Alten Testament?

»Nichts ist umsonst, nur der Tod – aber der kostet das Leben«. Diese Schulhofweisheit spiegelt die Überzeugung moderner Menschen, dass mit dem Tod alles aus sei. Sie kann gleichzeitig für das ältere Bild der Forschung gelten, wie die Menschen des alten Israel über den Tod gedacht hätten: Danach habe es keine Vorstellung einer Existenz nach dem Tode oder gar eine Hoffnung auf Auferstehung gegeben. Die Verstorbenen würden in die *Scheol* kommen, einen Ort der größten Gottesferne. »Denn im Tode gedenkt man deiner nicht; wer wird dir in der Scheol danken?« So heißt es in Psalm 6. Das Totenreich ist Gott unzugänglich, wer dorthin kommt, hat keine Verbindung mehr zu Gott, damit keinerlei positive Perspektive. Zwar wird von manchen Urvätern berichtet, dass sie »alt und lebenssatt« starben und »zu den Vätern versammelt« wurden (Gen 25,8). Doch das bedeutet nur, dass diese Menschen ein gutes, erfülltes Leben hatten; die negative Todesperspektive ist dieselbe wie sonst auch.

Erst ganz am Ende der alttestamentlichen Zeit habe sich – so die Ansicht der Forscher – eine Hoffnung auf Auferstehung durchgesetzt. Unter dem Eindruck der Religionsverfolgungen durch die syrisch-griechischen Seleukiden sei man zu der Erkenntnis gekommen, dass es ein Leben nach dem Tode geben muss, in dem die

Frommen Israels für ihre Treue zu Gott belohnt werden. Der Schlüsseltext dafür ist Daniel 12, wo von der doppelten Auferstehung »zum ewigen Leben und zu ewiger Abscheu« die Rede ist.

In den letzten Jahren haben jedoch einige Funde dieses – lange als sicher geltende – Bild ins Wanken gebracht: Zum einen hat die Forschung erkannt, dass bei den Nachbarn Israels die Verehrung der verstorbenen Ahnen offenbar weit verbreitet war. Diese ist zwar nicht mit dem umfangreichen Totenkult der Ägypter zu vergleichen, doch ist eindeutig, dass es im unmittelbaren Umfeld Israels die Vorstellung von einer Existenz nach dem Tode gab, die nicht nur von Hoffnungslosigkeit geprägt ist.

Dazu passen auch archäologische Funde aus Israel selbst: In einem Grab bei Chirbet el-Qom im Südwesten Israels wurde eine Inschrift gefunden, die den Segen von »JHWH und seiner Aschera« auf den Verstorbenen erbittet. Zu der Inschrift gehört die Abbildung einer Hand, die als apotropäisch zu verstehen ist, also Schutz vor allen Übeln vermitteln soll, oder gar als rettende Hand Gottes gedeutet werden kann. Diese Inschrift aus der Zeit vor dem Exil ist zum einen deshalb als sensationell einzuschätzen, weil sie belegt, dass es noch zu dieser Zeit die Verehrung einer Göttin in Israel gab. Zum anderen ist erstaunlich, dass der göttliche Segen auch im Bereich des Todes wirksam sein kann; das passt schlecht zum oben geschilderten Eindruck von der Gottesferne der Scheol.

Ähnlich aufregend war der Fund eines kleinen Silberamulettes in einem Grab in Jerusalem. Es handelt sich um einen zusammengerollten Streifen aus Silberblech, auf dem eine Kurzfassung des Priestersegens »Der Herr segne Dich und behüte Dich ...« aus Num 6 zu lesen ist – dieser Segen gehört bis heute zum Grundbestandteil christlicher Gottesdienste. Wieder fällt auf, dass ein Segenswunsch als Grabbeigabe verwendet wurde. Das ergibt nur Sinn, wenn die Menschen davon ausgegangen sind, dass mit dem Tod eben nicht alles aus ist.

Leider erlauben diese Funde kein umfassenderes Bild über den Jenseitsglauben des vorexilischen Israel. Doch in ihrem Licht werden manche Texte des Alten Testaments deutlicher, die man früher nur schlecht interpretieren konnte. So wird von dem Urvater Henoch wie von dem Propheten Elija berichtet, dass sie nicht gestorben seien, sondern vom Herrn ›weggenommen‹ wurden. Es bleibt offen, wohin sie genommen wurden, wie man sich ihre weitere Existenz vorzustellen hat. Doch es ist eindeutig, dass es sich um ein positives Schicksal handeln muss. Auch in den Psalmen 49 und 73 wird dieses Stichwort verwendet; in Ps 73 ist sogar von einem »Wegnehmen in Herrlichkeit« die Rede.

Henoch und Elija werden zu Gott entrückt, Armenbibel, 15. Jh.

So ist zu folgern, dass es in Israel nicht nur die Vorstellung eines negativen, gottfernen Totenreiches gegeben hat, sondern auch die Erwartung einer jenseitigen Sphäre, in der die Menschen weiterhin mit Gott verbunden sind. Möglicherweise ist es diese Hoffnung, die mit dem immer positiv gemeinten Ausdruck ›versammelt zu den Vätern‹ gemeint ist. Der spätere Glaube an eine tatsächliche Auferstehung hätte dann an diese Erwartung angeknüpft.

Die Forschung steht bei diesen Fragen noch ganz am Anfang. Doch ist schon jetzt deutlich, dass wir durch das Alte Testament nur zu einem Teil der Lebenswelt des alten Israel Zugang haben. Manche wichtigen Bereiche wie etwa der Jenseitsglaube oder die ältere Gottesvorstellung treten erst langsam durch archäologische Funde zu Tage. Als sicher kann jedenfalls gelten, dass nicht alle Israeliten den Tod als das Ende schlechthin verstanden haben. Der Tod kostet zwar das Leben, doch das heißt eben nicht, dass es danach gar kein Leben mehr geben kann. Damit war bereits im Alten Testament eine wichtige Grundlage für die neutestamentliche Versöhnungsbotschaft gelegt.

»Christus ist von den Toten auferweckt worden als Erster!«

Ein Anfang ist gemacht

Im Internet liefert die erstbeste Suchmaschine zu dem Stichwort ›Auferstehung‹ 73.200 Einträge. Ist ›Auferstehung‹ etwa ein Thema von aktuellem Interesse? Meinungsumfragen, wie sie regelmäßig in den Osterausgaben der großen Nachrichtenmagazine präsentiert werden, erwecken den gegenteiligen Eindruck. Zumindest die christliche Auferstehungsbotschaft scheint da immer weniger Glauben zu finden. Die Spaßgesellschaft konzentriert sich auf das Leben vor dem Tod. Ganz neu ist das allerdings nicht. Schon in Korinth kursierte zu Zeiten des Paulus die Parole: »Es gibt keine Auferstehung der Toten!« (1Kor 15,12) Ihren Vertretern unterstellt der Apostel jene Position, die schon Jesaja Jahrhunderte früher an den Jerusalemern kritisierte: »Lasst uns essen und trinken, denn morgen sind wir tot!« (1Kor 15,32/Jes 22,13)

Es scheint, als habe sich Paulus im 1. Korintherbrief dieses Problem bis zum Schluss aufgespart. In Kap. 15 geht er es dann aber um so grundsätzlicher an. Seine Argumentation bewegt sich dabei auf zwei Ebenen. Auf der ersten mahnt er bei den Korinthern logische Stringenz an. Auf der zweiten ist er bemüht, die neue Existenzweise bei Gott durch metaphorische Spache sowie durch Gleichnisse plausibel zu machen.

Ein bisschen Logik ist gefragt, wenn es um die Auferstehung Jesu geht. Die wird von den Korinthern offensichtlich auch nicht in Zweifel gezogen. Deshalb klopft Paulus zunächst erst einmal diese gemeinsame Glaubensbasis fest (15,1–11). Er erinnert an die gemeindegründende Predigt und zitiert eine alte Bekenntnisformel (»Denn ich habe euch zuerst übermittelt, was auch ich überliefert bekommen habe ...«, 15,3), in der sich die kompakteste Formulierung des christlichen Glaubens überhaupt findet: Christus ist gestorben und begraben, er ist auferstanden und erschienen, beides gemäß den Schriften. Was das »er ist erschienen« betrifft, so fügt Paulus zur Beglaubigung noch eine Liste der ersten Zeugen des Auferstandenen an (15,5–8), die illustre Namen enthält: Kefas (= Petrus), die Zwölf, 500 auf einmal (die z. T. auch noch befragt werden können), der Herrenbruder Jakobus, alle Apostel, schließlich Paulus selbst (der seine Vision des Auferstandenen vor Damaskus mit unter die Ostererscheinungen rechnet). In der Erfahrung dieser ersten Zeugen gründet der Osterglaube der Kirche. Beweisen lässt sich die Auferstehung Jesu naturgemäß nicht – sofern der Auferstandene bereits einer anderen Wirklichkeit angehört. Man kann nur in den Glauben der ersten Zeugen, die ihm begegnet sind, einstimmen. Das tun die Christen der Anfangszeit – und seither auch von Generation zu Generation die Jahrhunderte hindurch. Darin besteht Konsens.

Wenn aber Christus auferstanden ist – so die Argumentation des Paulus – dann ist das kein isoliertes oder isolierbares Geschehen. Es hat vielmehr unmittelbare Konsequenzen für diejenigen, die zu Christus gehören. Hier haben sich die Korinther mit ihrer Parole »Es gibt keine Auferstehung der Toten!« einen Denkfehler geleistet. Gegenprobe: Wenn Christus nicht auferstanden ist – dann ist die ganze Evangeliumsverkündigung sinnlos; der neue Zugang zu Gott hätte sich dann als eine Sackgasse erwiesen (15,12–19). Die Auferstehung Jesu wird also zum archimedischen Punkt, um die Hoffnung auf eine allgemeine Auferstehung aller zu begründen.

Damit setzt Paulus in 15,20 noch einmal neu an. Er greift ein Argumentationsmuster auf, das man als ›Typologie‹ bezeichnet: Was mit Christus geschieht, sieht er vorabgebildet in dem, was mit Adam geschehen ist. Adam erscheint als der ›Typos‹ Christi, wobei in ›Adam‹ (= Mensch) der Ursprung der gesamten Menschheit wie in einer Chiffre zusammengefasst ist. Dieser typologische Bezug beruht zugleich auf der schon in alttestamentlicher Tradition beheimateten Vorstellung von der ›korporativen Persönlichkeit‹ – im Geschick des Stammvaters ist bereits das Geschick derer mitenthalten oder vorgeprägt, die von ihm abstammen werden. Das bedeutet: So wie durch die Verfehlung Adams bzw. den verkehrten Anfang der Menschheitsgeschichte das Todesgeschick für alle Menschen wirksam geworden ist, so wird durch Christus die Überwindung des Todes für alle, die zu ihm gehören, wirksam werden. Die Geschichte kann noch einmal neu beginnen. Ein Anfang ist gemacht: »Erster ist Christus – danach aber diejenigen, die zu Christus gehören bei seiner Ankunft.« (15,23)

So weit vermag Paulus die allgemeine Auferstehungshoffnung aus dem christlichen Grundbekenntnis

Auferstehung, russische Ikone, Leipzig 1975

zur Auferstehung Jesu schlüssig abzuleiten. Gibt es noch mehr in Erfahrung zu bringen? »Nun könnte aber jemand sagen: Wie werden die Toten auferweckt? Mit was für einem Leib werden sie kommen?« (15,35) Darauf lässt sich nur in gleichnishafter Weise antworten. In bewusster Abgrenzung zu der griechischen Vorstellung, dass nach der Abkoppelung des ›Leibes‹ allein die ›Seele‹ des Menschen fortexistiere, hält Paulus in gut jüdischer Tradition an einer leiblichen Auferstehung fest. Aber die wird sich in einer neuen Existenzweise vollziehen, die unserer gegenwärtigen Vorstellung noch nicht erreichbar ist (15,36–47).

Die Hoffnung auf ein Leben bei Gott, das über die Grenze des Todes hinausführt, bleibt eine Hoffnung – allerdings eine begründete, wo Menschen in das Bekenntnis der ersten Zeugen einstimmen: »Christus ist von den Toten auferweckt worden als Erster!«

17. Glaube und Gesellschaft

»Suchet der Stadt Bestes«
Israel und das Wohl der Fremden

»Asylanten!« Mit geringschätzigem Unterton ausgesprochen, reicht dieses eine Wort, um bei vielen Mitbürgern eine Mischung aus Überfremdungsängsten, Sorge um Kriminalität und allgemeinem Unwohlsein auszulösen. Dabei wird aber oft übersehen, dass manche Bereiche unseres Gemeinwesens schon jetzt auf die Zuwanderung von Arbeitskräften dringend angewiesen sind. Doch die Sorge vor dem Fremden ist menschlich und daher größer.

Wie nahezu alle Grundthemen menschlicher Existenz wird auch diese Frage im Alten Testament beleuchtet. Zwei besondere Ereignisse sind es nämlich, die für die Identität Israels und seiner Heiligen Schrift von grundlegender Bedeutung sind: Zum einen ist es der Auszug aus Ägypten im 13. Jh. v. Chr., in dem sich JHWH, der Gott Israels, als siegreich gegen die Ägypter erwiesen hat. Diese Befreiung aus dem Sklavenhaus, wie es die biblischen Schriftsteller bezeichnen, die Rettung aus der fremden Umgebung, war zugleich der Beginn der Besiedelung des Landes. Hier aber war das Volk Israel zunächst wieder fremd, denn das später ›Israel‹ genannte Gebiet war ja bewohnt, von den Kanaanäern, wie es wieder in biblischer Sprache heißt.

Das zweite einschneidende Ereignis war das babylonische Exil, als die Oberschicht Israels nach dem Fall

Jerusalems (587/586 v. Chr.) von den Babyloniern deportiert wurde. Hier nun schien der Gott Israels nicht mehr sieghaft zu sein, hatten die Fremden offenbar die überlegenen Götter. Gleichzeitig ging es nun darum, in der Fremde die eigene Identität zu wahren.

Da wir in den biblischen Berichten kaum je unmittelbare Reaktionen auf solche Ereignisse vor uns haben, ist heute nur schwer zu sagen, wie die Menschen damals mit der Lage umgegangen sind. Was wir lesen können, sind spätere, gelehrte Reflexionen, die in Erzählungen, aber auch in Prophezeiungen Eingang gefunden haben.

Die eine prinzipielle Reaktion ist die der Ablehnung alles Fremden. Sie hängt mit der religiösen Idee einer umfassenden kultischen Reinheit zusammen, die auch das Land umgreift – das ja schließlich Gottes Gabe ist. Daher wird z. B. im Buch Josua ausführlich erzählt, wie die Kanaanäer ausgerottet werden. Bekannt ist vor allem die Erzählung von den Posaunen vor Jericho in Jos 6, die die wundersame Eroberung der Stadt untermalen. Aufgrund archäologischer Untersuchungen kann man heute mit Sicherheit sagen, dass solche umfassenden Eroberungen und Zerstörungen nicht stattgefunden haben. Die Bibel selbst berichtet übrigens im 2. Kapitel des Richterbuches, welche Städte Kanaans nicht erobert werden konnten. Sie entlarvt damit ihre eigene Berichterstattung als historisch unzuverlässig.

Vor einem ähnlichen Hintergrund können auch die für viel spätere Zeiten berichteten Ereignisse um Esra und Nehemia verstanden werden. In diesen beiden Büchern wird erzählt, wie die Rückkehrer nach dem babylonischen Exil das Land Israel von Fremden reinigen; besonders die Frage der Mischehen spielt hier eine wichtige Rolle (Esra 9+10). In beiden Fällen, bei der Landnahme und nach dem Exil, ist die grundlegende Vorstellung die, dass man nur in einem von fremden

Elementen gereinigten Land ein wahrhaft gottgefälliges Leben führen kann.

Interessanterweise gibt es auch Texte, die die Akzente deutlich anders setzen. Im Buch Deuteronomium (5. Mose) stehen etwa die Forderungen zur Ausrottung der Kanaanäer neben Hinweisen, dass die Fremden im Lande gut zu behandeln sind. Das geht so weit, dass ausgerechnet das 3. Gebot, den Sabbat zu heiligen und auch den Fremden Ruhe zu gönnen, in Dtn 5,14+15 damit begründet wird, dass Israel selbst ja ein Fremdling im Lande Ägypten war.

In der konkreten Situation der Verbannung nach Babylon war die Situation umgekehrt. Die Israeliten waren nun wieder Fremdlinge. Ein kultisch reines Leben war jetzt schwierig, deshalb wurden andere Möglichkeiten gesucht, um die eigene Identität zu bewahren. So wurden erst in dieser Zeit noch heute typische Merkmale des Judentums wichtig, namentlich die Beschneidung und das Einhalten des Sabbats. Diese Merkmale wurden dann erzählerisch mit viel älteren Epochen der Geschichte Israels verbunden, um ihnen hohe Autorität zu verleihen: Die Beschneidung wurde auf Abraham zurückgeführt (Gen 17), der Sabbat gar in der Schöpfung verankert (Gen 1; Ex 20,11).

Gleichzeitig stand man hier vor der Frage, wie man sich als frommer Israelit in der Diaspora zu verhalten hat. Hier ist ein Brief instruktiv, den der Prophet Jeremia an die Verbannten nach Babylon geschrieben haben soll (Jer 29): Er forderte sie auf, sesshaft zu werden, Familien zu gründen und allgemein ›der Stadt Bestes‹ zu suchen, sogar für die Stadt Babylon zu beten. Offenbar wurde dies befolgt, denn einige der Verbannten konnten recht bald hohe Stellungen in der Verwaltung der Perser einnehmen. Die Erzählungen von Ester und Daniel, aber auch von Josef in Gen 37–50 leben sogar von dem Szenario, dass die gottesfürchtigen Israeliten die wahre Stütze der Großmacht sind. Möglicherweise haben diese Vorbilderzählungen das Überleben Israels in den ver-

Die Völker stützen den Thron des persischen Weltreiches, Relief aus Persepolis

schiedenen Phasen als Fremde in fremden Ländern ermöglicht.

Israel ist also nicht bei pauschalen Ablehnungen alles Fremden stehengeblieben. Das entspricht der Logik des Glaubens an nur einen Gott (Monotheismus), der sich in der Exilszeit durchsetzte: Wenn alles als Schöpfungs- und Erhaltungswerk eines Gottes anzusehen ist, fallen willkürliche Ausgrenzungen anderer Völker und Menschen schwer. Die Aktualität dieses Gedankens liegt auf der Hand und sollte einem in den Sinn kommen, wenn wieder einmal das Wort ›Asylant‹ mit geringschätzigem Unterton zu hören ist.

»Fürchtet Gott, ehrt den König!«

Christen und die Politik

Politiker, die in der Bundesrepublik Deutschland vereidigt werden, fügen ihrem Eid in der Regel noch ein »So wahr mir Gott helfe!« hinzu. Sind wir nicht ein frommes Land? Mit der Frömmigkeit ist es allerdings in der Politik so eine Sache. Sollten sich Christen da nicht besser heraushalten – oder sollten sie sich gerade um Mandate bemühen, damit der Geist der Bergpredigt auch in die Entscheidungen der Parlamente einziehen kann?

Von Anfang an ist die Haltung gegenüber staatlichen Strukturen eine zwiespältige Angelegenheit. Jesus von Nazaret kommt, als er seine Wirksamkeit auch auf Jerusalem ausdehnt, mit den dortigen Machthabern in Konflikt: Die Autoritäten der jüdischen Selbstverwaltung empfinden ihn als Bedrohung, die römische Besatzungsmacht beseitigt ihn als einen potentiellen Unruhestifter. Bereits in Galiläa hatte sich Jesus wenig günstig über den Tetrarchen Herodes Antipas geäußert (Lk 13,32:

»dieser Fuchs«), der sich dann später in Jerusalem revanchiert (Lk 23,6–12: »er verachtete ihn«). Als Jesus jedoch von seinen Gegnern in die Falle politischer Opposition gelockt werden soll – Ist es richtig, dem Kaiser Steuern zu zahlen, oder nicht? – da entzieht er sich geschickt jeder Festlegung: »Gebt dem Kaiser, was dem Kaiser gehört, und Gott, was Gott gehört!« (Lk 20,25) Seine Anhänger, die in ihm den ersehnten Messias erkennen, verbinden damit eindeutig politische Hoffnungen (Lk 24, 21). Jesus aber scheint merkwürdig unpolitisch zu sein: »Meine Königsherrschaft ist nicht von dieser Welt.« (Joh 18,36)

Auch den Boten des Evangeliums nach Ostern bleiben Konflikte mit der staatlichen Macht nicht erspart. Agrippa I. (37–44) tötet den Zebedäussohn Jakobus und lässt Petrus inhaftieren (Apg 12,1–17). Paulus wird von dem Araberkönig Aretas verfolgt (2Kor 11,32–33), muss sich in Korinth vor dem Prokonsul Gallio verantworten (Apg 18,12–16), und reist schließlich als Gefangener nach Rom, um an das kaiserliche Gericht zu appellieren (Apg 27–28). Sehr wahrscheinlich hat er dort unter Nero (54–68) ein gewaltsames Ende erlitten, was man auch für Petrus annehmen muss. Um so erstaunlicher ist das große Zutrauen, das gerade Paulus der Rechtmäßigkeit staatlicher Ordnung entgegenbringt. Ist es taktisches Kalkül oder aufrichtige Überzeugung, was er der Gemeinde in Rom schreibt: »Jeder Mensch soll der staatlichen Gewalt Gehorsam leisten. Denn es gibt keine Gewalt, die nicht von Gott stammt. Diejenigen, die es gibt, sind von Gott eingesetzt. Wer sich nun widersetzt, widersteht der von Gott eingesetzten Gewalt ...« Der ganze Abschnitt Röm 13,1–7 ist eine harte Nuss. Widerspricht er nicht schon den Erfahrungen, die Paulus selbst gemacht hat? Vielleicht kann man die Regierung eines Augustus noch in dieser positiven Weise verstehen – aber trifft das auch auf die Willkürherrschaft von Despoten wie Caligula oder Nero zu? Präsentiert Paulus hier eine Regel, bei der die Ausnahmen überwiegen?

Die Prioritäten jedenfalls sind klar: »Man muss Gott mehr gehorchen als den Menschen.« (Apg 5,29) Aber die Verkündigung des Evangeliums dringt nun einmal in die Welt des römischen Reiches vor. Sie nutzt die Möglichkeiten der gemeinsamen Umgangssprache, der unbegrenzten Verkehrsbedingungen und eines gewissen Rechtsschutzes. Da muss es im Interesse der Verkündiger liegen, zu signalisieren: Unsere Botschaft stellt keine Bedrohung für die staatliche Ordnung dar. Sie hat nichts Subversives. Das ist nicht ganz einfach angesichts der Belastung, die der Tod Jesu nach einem römischen Kapitalstrafverfahren für seine Boten darstellt. Besonders nachdrücklich bemüht sich hier der Evangelist Lukas, der die römische Perspektive konsequent zum Zielpunkt seines großen Erzählwerkes macht: Schon die Eltern Jesu fügen sich der Steuerschätzung ohne Murren, die Römer werden im Prozess gegen Jesus weitgehend entlastet, der Gefangene Paulus findet bei seiner Überführung nach Rom in den Prokuratoren und Militärs eine Art Schutzmacht, in Rom predigt er ›ungehindert‹.

An einem erträglichen Auskommen mit der staatlichen Macht bleiben die Christen auch in der Folgezeit interessiert. Ausdrücklich fordert 1Tim 2,1–4 dazu auf, in das Gebet für alle Menschen auch die »Könige und die in übergeordneter Position Befindlichen« einzuschließen, »damit wir ein ruhiges und stilles Leben führen können in aller Frömmigkeit und Ehrbarkeit.« Tit 3,1 schärft noch einmal ein, sich den »Herrschern und Machthabern unterzuordnen«. 1Petr 2,13–17 führt diese Forderung weiter aus im Blick auf Kaiser und Statthalter, um schließlich in dem Appell zu gipfeln: »Fürchtet Gott, ehrt den König!« Wie schwer mag das den Christen Kleinasiens am Ende des 1. Jhs. geworden sein?

Vermutlich unter Domitian (81–96) beginnt sich eine Bedrohung abzuzeichnen, die bislang Unvorstellbares befürchten lässt. Sie schlägt sich nieder in den Visionen des Sehers Johannes. Nach Offb 13 erscheint eine sich selbst absolut setzende Staatsmacht als das Tier aus dem Abgrund – das nun in schärfsten Gegensatz zu Gott tritt. Bei allem Widerstand bleibt nur noch die Hoffnung auf baldige Errettung. »So wahr mir Gott helfe!« Politik hat ihre eigenen Gesetzmäßigkeiten. Christen – ob politisch engagiert oder nicht – stehen zuerst in der Verantwortung vor Gott.

Der Zinsgroschen, Emil Nolde 1915

18. Witz und Bildung

»Sag doch einmal: ›schibbolet‹!«
Derbe Späße im Alten Testament

»Kennst Du den schon...?« So mag es – natürlich auf Hebräisch – in mancher Runde geklungen haben, in der Israeliten zusammensaßen. Und dann wurde etwa erzählt, wie der Kriegsherr und Richter Jiftach die Flüchtlinge aus Efraim daran erkannte, dass sie das Wort ›Schibbolet‹ nicht richtig aussprechen konnten. Sagte also einer lispelnd ›Sibbolet‹, dann wurde er erschlagen – ein guter Witz, unter harten Männern eben. (In unserem Sprachgebrauch hört man daher manchmal noch den Gebrauch von ›Schibbolet‹ im Sinne eines Unterscheidungsmerkmals.)

Nachzulesen ist dieser ›Witz‹ im Alten Testament (Ri 12). Und obwohl man von der heiligen Schrift gemeinhin nicht sehr viel Humorvolles erwartet, werden aufmerksame Leser doch fündig. So wird ebenfalls im Richterbuch (Kap. 9) eine politische Satire erzählt, nach der ausgerechnet der Dornbusch König über alle Bäume wird – und sie dann voll Ironie auffordert, sie mögen sich in seinem Schatten bergen. Der Untauglichste wird zum Führer, weil die anderen wichtigere Aufgaben haben – ein Schelm, wer da aktuelle Parallelen sieht.

Oder kennen Sie den: Wie Ehud (auch ein Richter) dem moabitischen König den Dolch so tief in den fetten Bauch stößt, dass er gar nicht mehr zu sehen ist? Und die tumben Wachen schöpfen nicht einmal Verdacht, als der König nicht mehr aus seinem Zimmer kommt: »Vielleicht ist er austreten gegangen ...« (Ri 3). Und die Philister erst – die sind aber von Simson verladen worden: Hat er ihnen doch gesagt, dass er nur einmal die Steine berühren wolle, und reißt dann das ganze Haus ein! Bis zum Ende ein Witzbold, zum totlachen! (Ri 16)

Simson (hier: Sampson) und die Philister,
Armenbibel, 15. Jh.

Diese witzigen Elemente in den Sagen Israels haben die gleiche Funktion, die politische Witze auch heute noch haben: Sie sind das Ventil, durch das sich der Unmut der Untergebenen entlädt, ihre sprachliche Gegenwehr. Mit List und Mutterwitz – hier zeigt sich, dass unser Wort »Witz« von »wissen« kommt – vermögen es die Helden Israels, auch stärkeren Feinden zu widerstehen. Ob sich die Ereignisse wirklich so zugetragen haben, spielt dann keine Rolle mehr. Wichtig ist, dass die Großen wenigstens sprachlich demaskiert werden – bis hin zum Mord auf dem Abort.

Diese Strategie gilt auch für den religiösen Bereich: So können die ägyptischen Zauberer nicht vor Mose und den Pharao treten, weil sie sich selbst nicht heilen können (Ex 9,11). Elija verspottet die Propheten des Gottes Baal, deren Gott ihnen nicht zu Hilfe eilt: »Ruft lauter! Er ist ja doch ein Gott! Vielleicht ist er in Gedanken oder ist austreten, oder reist umher oder schläft...« (1Kön 18,27). Ihre schärfste Zuspitzung erfährt dies in der Polemik gegen fremde Götter, die im Jesajabuch erhalten sind: Mit beißender Ironie werden die Mühen der Handwerker geschildert, die Götter herstellen und dann selbst verehren: »Er hat Fichten gepflanzt als Brennholz; davon nimmt er und wärmt sich ..., aber daraus macht er auch einen Gott und betet ihn an; er macht einen Götzen daraus und kniet davor nieder« (Jes 44,15). Kein Wunder, dass das Götterbild des Gottes Dagon sich nicht dagegen wehren kann, dass es Nacht für Nacht umgestürzt wird (1Sam 5).

Doch auch die Furcht vor dem wahren Gott kann komische Züge annehmen, man denke nur an Jona in Ninive. Dort lassen die Menschen sogar ihre Tiere fasten und kleiden sie in Sackleinen, damit sich Gott ihrer erbarmt (Jona 3). Auch zur Erziehung kann das Lachen über absurde Dinge eingesetzt werden, wie einige Weisheitssprüche zeigen: »Wer sich beim Vorübergehen in einen fremden Streit einmischt, der ist wie einer, der dem Hund in die Ohren kneift« (Spr 26,17); »Wie ein goldener Ring im Schweinerüssel ist eine schöne, aber sittenlose Frau« (11,22; dieser Spruch aus der Vorpiercingzeit gilt aber auch für Männer ...).

Glaubt man keinen geringeren als Abraham und Sara, so gehört Gott selbst zu den größten Witzbolden, von denen in der Bibel die Rede ist – denn seine Verheißung, dass die beiden im hohen Alter einen Sohn bekommen würden, war ja auch zu lachhaft (Gen 18; nach Ps 2 lacht und spottet Gott sogar selbst). Die Verheißung an die Ureltern Israels wurde wahr, und so zeigte sich auch hier, dass hinter jedem Witz ein Fünkchen Ernst steckt. Das Alte Testament ist demnach kein humorloses Buch, selbst wenn man das aus Ehrfurcht (oder Vorurteilen) nicht annehmen wollte. Wer allerdings immer noch nicht überzeugt ist, der sei an Umberto Ecos »Der Name der Rose« verwiesen. Hier wird meisterhaft erzählt, dass ein Glaube ohne das Lachen unmenschlich ist. Und wer genau liest, wird auch hier manche biblischen Witze wiedererkennen.

»Die Kreter sind immer Lügner ...«

Markige Sprüche im Neuen Testament

Waren Sie schon einmal auf Kreta – dort, »wo die Götter Urlaub machen«? Die Slogans der Reiseunternehmen versprechen nicht zu viel. Auf der Insel taucht man ein in eine zauberhafte Landschaft, entdeckt die Spuren einer altehrwürdigen Kultur, begegnet freundlichen Menschen. Aber da fährt Tit 1,12 wie ein Donnerschlag in diese Idylle: »Die Kreter sind immer Lügner, böse

Tiere und faule Bäuche.« Man reibt sich verwundert die
Augen. Kann denn so etwas in der Bibel stehen? Der
Spruch wird auch dadurch nicht besser, dass ihn »einer
von ihnen, ihr eigener Prophet« (Epimenides?) gesagt
haben soll. Denn eine solche pauschale Herabwürdi-
gung schrammt nur um Haaresbreite an dem vorbei,
was man für gewöhnlich als Rassismus zu bezeichnen
pflegt.

Das Zitat stimmt auch in seinem literarischen Kontext nicht. Es geht dort um die Abweisung von Irrleh-
rern, die der christlichen Gemeinde auf Kreta zu schaffen machen. Man darf doch also zumindest auch einige
Kreter annehmen, die – um ihre achtbaren Bischöfe und
Ältesten geschart – ein glaubwürdiges christliches Leben zu führen versuchen. Die Irrlehrer hingegen, die
ebenfalls Glieder der Gemeinde sind, werden mit schar-
fer Polemik in die Schranken gewiesen. Eine argumenta-
tive Auseinandersetzung findet nicht statt. Ist es etwa
so, dass auf einen groben Klotz auch immer ein grober
Keil gehört? »Denen muss man das Maul stopfen ...«,
heißt es in Tit 1,11 kurz und bündig. Die Fronten scheinen verhärtet, der Gesprächsspielraum erschöpft. Aus
dem Gefühl existenzieller Bedrohung heraus geht es nur
noch um Abgrenzung. Und die schüttet dann – dank
eines Zitates, das gerade zur Hand ist – gleich das Kind
mit dem Bade aus. Man kann die Situation verstehen,
aber muss man auch die Worte akzeptieren?

Markige Sprüche begegnen vor allem dort im Neuen
Testament, wo es um Gruppenkonflikte geht. In der
Antike gibt es schon ein verbreitetes Repertoire an po-
lemischen Standards, die man Gegnern üblicherweise
anhängt. Wer vom Standpunkt der eigenen Gruppe ab-
weicht, dem ist auch alles andere an Schlechtigkeit zu-
zutrauen. 2Petr 2,22 etwa zeigt sich davon überzeugt,
dass bei denen, die vom Glauben abgefallen sind, sowie-

so Hopfen und Malz verloren sei: »Der Hund kehrt zurück zu dem, was er erbrochen hat, und: Die gewaschene Sau wälzt sich wieder im Dreck.« Wie dem auch sei: »Schlechter Umgang verdirbt gute Sitten.« (1Kor 15,33)

Besonders Paulus ist dafür bekannt, dass er kein Blatt vor den Mund nimmt – deshalb hat ja auch Martin Luther später eine so große Sympathie für den Apostel empfunden. Im Galaterbrief kommt Paulus sehr schnell und ziemlich grob zur Sache – ohne die üblichen Höflichkeitsformen fällt er mit seiner harschen Kritik wie mit der Tür ins Haus. In 3,1 setzt er neu an: »O ihr dummen Galater, wer hat euch behext ...?« Den Gegnern, die mit der Forderung auftreten, auch die Heidenchristen in den Gemeinden sollten sich erst einmal beschneiden lassen, wirft er in 5,12 hin: »Sollen sie sich doch gleich kastrieren lassen, die euch aufhetzen!« Natürlich wusste Paulus, dass man in der römischen Welt die jüdische Beschneidung als eine Art Kastration verächtlich machte. Geht solcher Sarkasmus nicht ein bisschen weit? Auch in Phil 3,2 spricht er ironisch nicht von ›Be-‹, sondern von ›Zerschneidung‹. Solche Spitzen sitzen.

Sollte der paulinische ›Grobianismus‹ vielleicht bei Jesus selbst in die Schule gegangen sein? Immerhin kennen wir einige Jesusworte, die auch nicht gerade von Pappe sind. Sie finden sich vor allem im Umfeld des Nachfolgegeschehens. »Von nun an wirst du Menschen lebend fangen« (Lk 5,10): Das assoziiert Freiheitsberaubung und die Gewalttätigkeit von Sklavenhändlern. Einem potentiellen Nachfolger, der zuvor noch seiner Sohnespflicht genügen und den Vater bestatten möchte, sagt Jesus (Mt 8,22/Lk 9,60): »Folge du mir nach und lass die Toten ihre Toten begraben.« Das ist starker Tobak, der alle Regeln von Pietät brüskiert und nebenbei auch noch mit dem vierten Gebot kollidiert. Aber darin besteht offenbar eine besondere Eigenheit der Worte

Jesu: Er liebt die prägnanten, schockierenden, aufrüttelnden, verunsichernden Pointen. Das ist bei seinen Hörerinnen und Hörern haften geblieben, die seine Worte so bewahrt und überliefert haben.

Apostel, Ravenna, Mausoleum der Galla Placidia

Wer sich um eine pointierte Rede bemüht, geht immer auf schmalem Grat. Sorgfältig abgewogene Worte erscheinen in der Regel blass und langweilig. Ein witziger Einfall hingegen läuft stets Gefahr, irgendwo Anstoß zu erregen. Hier zeigen sich auch die Autoren des Neuen Testamentes als Menschen, denen die Alltagssprache ihrer Zeit eine ständige Herausforderung bedeutet.

Bleibt die Weisheit zu beherzigen, die uns Kol 4,6 ins Stammbuch schreibt: »Euer Wort sei immer freundlich, aber mit Salz gewürzt, damit ihr wisst, wie ihr einem jeden antworten müsst.«

19. Wahrheit und Geschichte

»Herrschaft auf tönernen Füßen«

Die Apokalyptik auf der Suche nach dem Ziel
der Geschichte

Dass Herrscher sich Gedanken über das Ende ihrer
Regierung machen, ist ein normales Phänomen. Heute
erkennen wir es daran, dass Politikern oft die Umfra-
gewerte ein wichtigeres Kriterium für ihre Entscheidungen sind, als die eigentlichen Sachargumente. Ganz
besondere Gedanken hatte aber der König Nebukadnezzar, wie das biblische Danielbuch im zweiten Kapitel
berichtet:

Danach sah der König ein Standbild mit goldenem
Haupt und silbernem Oberkörper. Bauch und Hüften
waren aus Bronze, die Beine aus Eisen. Die ›tönernen
Füße‹, die wir aus dem Sprichwort kennen, hatte die
Statue jedoch nicht, denn es heißt ausdrücklich, dass
hier Eisen und Ton gemischt waren. Und noch etwas ist
in unserem Sprachgebrauch anders: Denn das Standbild
stürzt nicht wegen des schlechten Materials der tönernen Füße ein, sondern weil ein Stein es ohne Zutun von
Menschenhand zermalmt.

Nur der Judäer Daniel kann dem fremden König den
Traum erklären – dank göttlicher Eingebung: Nicht etwa
das Ende seiner eigenen Herrschaft hat der König gesehen, sondern das aller irdischen Reiche. Sie werden
abgelöst vom Königreich Gottes, das von dem Stein
symbolisiert wird, der die Statue zerschlägt.

Nebukadnezzars Traum und seine Deutung, Lambeth-Bibel,
Canterbury, um 1150

Was aber bedeuten die anderen Materialien? Der Wert der Metalle symbolisiert die Güte der jeweiligen Herrschaft, erklärt Daniel dem König: Nebukadnezzar selbst symbolisiere noch das goldene Zeitalter, dann aber werden die Zeiten immer schlechter, bis hin zum eisernen Reich, das alles zerschmettert. Doch dieses letzte Reich steht selbst auf brüchigen Füßen, so dass der Stein als Symbol des Reiches Gottes nur das Unvermeidliche vollstreckt: menschliche Herrschaft ist an ihrem Ende angelangt; Gottes Reich füllt die Erde. Das Vaterunser erinnert in jedem christlichen Gottesdienst daran: »Dein Reich komme ...!«

Wenn nun der Beginn dieser Verfallsgeschichte so eindeutig benannt ist, wann kommt dann das Ende? Das Danielbuch gibt darauf keine klare Antwort. Aus einer Vielzahl von Hinweisen muss man aber annehmen, dass es die Meder und Perser als silbernes und bronzenes Reich gesehen hat. Die mächtigen Armeen Alexanders des Großen passen gut zum Bild des eisernen Zermalmers. Die gemischten Füße weisen dann auf die sogenannten Diadochenreiche hin, die sich nach dem frühen Tode Alexanders in Griechenland, Syrien und Ägypten gründeten. Damit wäre der Beginn der Gottesherrschaft im 3. oder 2. vorchristlichen Jahrhundert erwartet worden.

Doch statt des Weltendes kamen – die Römer. Deren Legionen waren noch grausamer, errichteten eine noch umfassendere Weltherrschaft. So wurde der Daniel-Text neu gedeutet. Nun waren die Römer das eiserne, vierte Reich, nun war es ihre Herrschaft, die vom Gottesreich abgelöst werden sollte. In dieser Erwartungshaltung lebten zur Zeit Jesu viele Menschen; seine Predigt vom nahen Gottesreich wird so unmittelbar verständlich.

Die Verfasser des Danielbuches jedoch hatten eine andere Situation vor Augen: Zu ihrer Zeit – nach 167 v.

Chr. – war der Tempel in Jerusalem durch einen jener Diadochenkönige entweiht worden; viele Israeliten orientierten sich eher an der griechischen Kultur als am Erbe der Väter. Als der Druck der Überfremdung zu groß wurde, griffen manche der Frommen zu den Waffen und schafften letztlich das Unglaubliche: Unter der Leitung ihres Führers Judas Makkabäus (der Name bedeutet ›der Hammer‹) eroberten sie den Tempel zurück und drängten die Syrer aus dem Land – im Judentum erinnert das Lichterfest Chanukka bis heute daran.

Andere, weisheitliche Kreise gingen andere Wege: In intensivem Schriftstudium entwickelten sie Überzeugungen, die wir heute ›apokalyptisch‹ nennen: Gott als Schöpfer der Welt ist auch Herr der Geschichte. Weil nun Gottes Schöpfung gut ist, muss es auch eine positive Perspektive für die Geschichte geben. Angesichts der immer schlimmer werdenden Zustände in der Welt kann es diese Heilszukunft nur jenseits der menschlichen Herrschaft geben – als Reich Gottes. So formulierten diese namenlosen Schriftgelehrten eine Erwartung, die weit über das Judentum hinaus strahlte. Sogar in die politische Theoriebildung hinein hat sie gewirkt; Karl Marx' Erwartung einer fortwährenden Verschlechterung der Zustände im Kapitalismus bis zur Erlösung im Kommunismus ist eines der bekanntesten Beispiele.

Im heutigen Sprachgebrauch gilt ›apokalyptisch‹ jedoch nicht mehr als tröstliche Perspektive, sondern als Schreckensszenario. Hollywood bedient sich dessen in Filmen wie ›Apokalypse Now‹ oder ›Armageddon‹. Auch wenn sich damit einmal mehr zeigt, wie biblische Vorstellungen ihr eigenes, außerbiblisches Leben entwickeln können, wird doch gerade an diesen Filmen deutlich, dass die Sehnsucht der Menschen nach Erlösung und heilvoller Zukunft geblieben ist.

»Mit der Gottesherrschaft verhält es sich wie mit ...«

Fiktive Welten im Gleichnis

»Was ist Wahrheit?«, wird Jesus von Pilatus gefragt (Joh 18,38). Die Frage bleibt im Raum stehen. Mit dem Anspruch, von der ›Wahrheit‹ Zeugnis abzulegen, war Jesus vor dem römischen Prokurator aufgetreten. Doch für philosophisch-theologische Diskurse ist die Zeit längst schon vorbei. Klingt die Berufung auf ›Wahrheit‹ nicht überhaupt ein bisschen steil? Der Evangelist Johannes fordert seinem Lesepublikum einiges ab, wenn er Jesus im Rahmen von begrifflich schwergewichtigen Offenbarungsreden zu Wort kommen lässt. Sehr viel anschaulicher verfahren da die drei Evangelistenkollegen, die Jesus vor allem als Geschichtenerzähler vorstellen. Im Unterschied zu Johannes ist bei ihnen die dominierende Ausdrucksform Jesu die der Gleichnisrede. ›Wahrheit‹ ist darin nicht weniger enthalten.

Die Gleichniserzählungen Jesu bieten fiktive Geschichten. Sie berichten von Begebenheiten, die um eines bestimmten Anliegens willen erdacht sind. Das kommt an. Im erzählfreudigen Orient ist man immer für eine Geschichte offen – zumal, wenn sie gut erzählt ist. Und darin erweist sich Jesus als Meister. Seine Gleichnisse sind kleine Kunstwerke, literarische Leckerbissen, längst schon prominenter Bestandteil der Weltliteratur. Bunt und frisch, geprägt von originellen Einfällen und vorgetragen nach den Regeln volkstümlichen Erzählens nehmen sie ihr Publikum gefangen. Niemand vermag sich ihrer Faszination zu entziehen. Denn sie greifen mitten hinein in die Lebenswelt derer, für die sie erzählt sind.

Wer kennt nicht den aufdringlichen Nachbarn, der um Mitternacht noch etwas geborgt haben möchte? Wem

wäre der korrupte und kühl kalkulierende Richter
fremd? Hat man nicht schon von ähnlichen Raubüber-
fällen wie dem zwischen Jericho und Jerusalem gehört?
Ist nicht das Beispiel eines Vaters, der seinem Sohn eine
Schlange statt eines Fisches gibt, schlicht absurd? Wie
könnte man die Freude über ein wiedergefundenes
Schaf nicht nachvollziehen? Das alles spielt sich so oder
ähnlich immer wieder ab – oder ist doch zumindest
gut erfunden. Wer selbst in engen Hütten lebt, um sein
Recht kämpfen muss und den zahlreichen Gefahren
eines unsicheren Alltags ausgesetzt ist, fühlt sich hier
verstanden.

Aber natürlich erzählt Jesus diese Geschichten nicht
nur, um sein Publikum zu unterhalten. Ihr Unterhal-
tungswert sorgt lediglich für die nötige Aufmerksamkeit. Jesus tritt mit einer ›frohen Botschaft‹, dem Evangelium von der Gottesherrschaft, auf. Gott hält sich
nicht verborgen – er wendet sich den Menschen zu und
überwindet die Distanz, in der sie befangen sind. Das ist
kein Lehrsatz, den man aufstellen und beweisen könnte.
Hier geht es vielmehr um eine Erfahrung, die ihren Ort
in den alltäglichen Lebensvollzügen hat. Der Wahrheits-
gehalt dieser Botschaft erweist sich nicht in einer scharf-
sinnigen Beweisführung, sondern in der Veränderung,
die sie bewirkt. Die Gleichnisreden haben deshalb eine
heilende, ›therapeutische‹ Funktion: Sie erschließen eine
neue Perspektive auf scheinbar Vertrautes. Sie lehren
das eigene Leben mit den Augen Gottes zu sehen. Das
kann aber nur gelingen, wenn die Welt der Hörerinnen
und Hörer in dieser Botschaft schon vorkommt.

Was die Gottesherrschaft bedeutet, das lässt sich an-
gemessen gar nicht anders als im Gleichnis sagen. Definieren kann man die Zuwendung Gottes ebensowenig
wie etwa das Phänomen der Liebe. Beschreiben und
erfahren lässt sich nur die Beziehung, die der verglei-

chenden, bildhaften Sprache bedarf. Selbst die Rede von ›Herrschaft‹ oder ›Reich‹ Gottes greift ja auf ein Bild zurück, das dem Erfahrungsbereich der Politik entstammt. Wenn Gottes Wirklichkeit etwas mit der Wirklichkeit von Menschen zu tun hat, dann kann sie auch nur in diesem wechselseitigen Bezug zur Sprache kommen. »Mit der Gottesherrschaft verhält es sich wie mit …« einer rechtlosen Witwe, einem arbeitsamen Bauern, wie mit Senfkorn und Sauerteig, mit Festfeier und Enttäuschungen, mit Bauplanungen oder Familiengeschichten. Erhabene Themen sind das nicht – sie sind ganz real und elementar.

Sämann, römische Katakomben, 3. Jh.

Jesu Gleichnisse halten einen unerschöpflichen Reichtum an Assoziationen und Überraschungen bereit. Sie fordern dazu heraus, aktualisiert, übertragen, weitergedacht – und in jedem Falle mit der eigenen Lebenswirklichkeit in Verbindung gebracht zu werden. Wie sonst ließe sich die ›Gottesherrschaft‹ in unserem Leben entdecken?

20. Geschichtsschreibung und Chronologie

»Um die Zeit, wenn die Könige ins Feld ausziehen«

Zeitrechnung im Alten Testament

Wann genau waren die Israeliten in Ägypten? Wann wurde Salomo König? Wann Jerusalem zerstört, wann neu erbaut? Als moderne Zeitungsleserinnen und -leser sind wir daran gewöhnt, dass historische Ereignisse mit Jahreszahlen versehen werden, um unserer Erinnerung auf die Sprünge zu helfen (oder unseren schlechten Geschichtsunterricht auszugleichen). Greift man zur Bibel, findet sich am Ende nahezu jeder Übersetzung eine übersichtliche Tabelle, in der uns die wichtigsten Ereignisse präsentiert werden. Doch wie kommt es zu diesen Daten? Wie zuverlässig sind sie eigentlich?

Schon auf den ersten Blick ist deutlich, dass es sich um Zahlen handelt, die irgendwie umgerechnet sein müssen. Denn man konnte ja vor 2500 Jahren in Ägypten, Israel oder Babylon schwerlich mit der Bezugsgröße ›vor Christus‹ rechnen. Schaut man sich die biblischen Texte an, liest man andere Angaben: »Im 18. Jahr des Königs Jerobeam (von Israel) wurde Abija König von Juda« heißt es 1Kön 15,1. In V. 33 desselben Kapitels findet man: »Im dritten Jahr Asas, des Königs von Juda, wurde Bascha, der Sohn Ahijas, König über ganz Israel und regierte zu Tirza vierundzwanzig Jahre.« Der Regierungsantritt des Königs eines Landes wurde also mittels der Regierungszeit des Königs im Nachbarland datiert. Man nennt dies eine ›*relative Chronologie*‹, denn noch weiß man ja nicht genau, *wann* die genannten Könige regierten, sondern nur *wie lange*.

Wenn man nun die Angaben mehrerer Könige zusammenrechnet und mit einem zeitlich genau bestimmbaren Ereignis verbindet, kommt man zu einer ›*absoluten Chronologie*‹, also zu einer Zeitrechnung, wie wir sie heute haben. Solche sicher datierbaren Ereignisse können etwa astronomische Erscheinungen sein, die speziell in Babylon sehr genau beobachtet wurden. Besonders gut lassen sich interessanterweise Kriege datieren, die von den Assyrern und Babyloniern in Annalen festgehalten und datiert wurden. Das geschah zum Ruhm der damaligen Herrscher – die heutige Forschung ist dafür ebenfalls dankbar. Die ›Kriegssaison‹ im Frühjahr des Jahres galt übrigens damaligen Menschen als so sicher, dass auch sie als Zeitangabe verwendet werden konnte, wie 1Sam 11,1 zeigt.

Doch auch bei dem Verfahren der Kombination von Regierungsdaten und datierbaren Ereignissen bleiben Probleme. Denn wie ist es mit dem ›ersten Jahr‹ eines Königs? Ist es zugleich das letzte des Vorgängers, so dass die Jahre doppelt gerechnet werden? Oder zählt das erste Regierungsjahr nicht von der Krönung, sondern erst vom folgenden Jahreswechsel an? Um die Sache noch komplizierter zu machen: Im Altertum wechselten zuweilen die Kalender mit den jeweiligen Machthabern. Dann konnte das Jahr im Herbst oder im Frühjahr anfangen, jeweils bei Tag- und Nachtgleiche. So entstehen einige Unsicherheiten bei der Bestimmung, wann in der Bibel berichtete Ereignisse stattgefunden haben.

Als Faustregel gilt: Je früher, desto unsicherer datierbar ist ein Ereignis. Das erste verlässliche Datum aus der Geschichte Israels ist das Jahr 1208 v. Chr., in dem der

Name ›Israel‹ in einer Inschrift des ägyptischen Pharaos Merneptah erwähnt wird. Im Jahr 926 ist Jerusalem von den Truppen des Pharaos Schischak geplündert worden. Das aber heißt: Über Abraham, Mose, Josua, David und Salomo lassen sich keine wirklich sicheren chronologischen Angaben machen. Erst im 9. vorchristlichen Jahrhundert hat man mit den assyrischen Quellen sichereren Grund unter den Füßen. So ist der Tribut des Königs Jehu an Salmanassar III. belegt (842 v. Chr.); auf einem Relief ist sogar die Eroberung der Stadt Lachisch in Juda abgebildet (701 v. Chr.).

Eroberung der Stadt Lachisch, Relief aus dem Palast des Sanherib, Ninive

Ein letztes ist jedoch besonders wichtig: Nach ihrem Selbstverständnis ist die Bibel kein Geschichtsbuch in unserem Sinne. Sie berichtet zwar von geschichtlichen Ereignissen, doch immer im Blickwinkel der Geschichte von Menschen mit Gott. Das aber heißt: Nicht die historischen Details sind wichtig. Wichtig ist der Glaube, dass Gottes Führung hinter den Ereignissen zu spüren ist. Das soll erzählt werden – zur Ehre Gottes, nicht zur historischen Information der Menschen.

»Im 15. Jahr der Regierung des Kaisers Tiberius«

Geschichte als Bühne im Neuen Testament

Wann wurde Jesus geboren? Im Jahre 3761 seit Erschaffung der Welt? Oder im Jahre 27 der Regierung des Kaisers Augustus? Oder ...? Die Menschheit hat sich inzwischen daran gewöhnt, den Ablauf der Geschichte in Jahren ›vor‹ oder ›nach Christi Geburt‹ zu zählen. Und dass ›diese Geburt auch noch ganz präzise auf den 24./25. Dezember fallen soll, nimmt man alljährlich zu Weihnachten ohne viel Nachdenken hin.

Den Christen der ersten Jahrhunderte waren solche Selbstverständlichkeiten völlig fremd. Sie berechneten die Zeit nach den Regierungsdaten der jeweils maßgeblichen Herrscher und feierten vor allem das Fest der Auferstehung Jesu. Es dauerte bis zum Jahre 525, dass der Mönch Dionysius Exiguus davon genug hatte: Sollten die Christen die Zeit tatsächlich nach der damals üblichen Diokletianischen Ära zählen – einer Ära, die sich ausgerechnet an dem Namen eines der schärfsten Christenverfolger (284–305) orientierte? Da hatte man doch einen weitaus besseren Haftpunkt zu bieten! Dionysios rechnete zurück bis zu Jesu Geburt – denn seit dem 4. Jh. feierte die Christenheit in Ost und West nun auch die Geburt Christi mit einem eigenen Festzyklus. Leider verrechnete er sich ein bisschen, so dass wir heute sagen müssen: Jesus von Nazaret ist sehr wahrscheinlich wenige Jahre vor ›Christi Geburt‹ geboren.

Theologisch befand sich Dionysios mit dieser neuen Berechnung jedoch auf sicherem Grund. Denn davon sind die neutestamentlichen Autoren durchgängig überzeugt: Jesus Christus steht am Beginn einer neuen Epoche. »Als aber die Zeit erfüllt war, sandte Gott seinen Sohn ...«, schreibt Paulus in Gal 4,4. Und der Evangelist Lukas konzipiert sein großes Erzählwerk von Jesus- und Apostelgeschichte so, dass deutlich wird: Die Zeit Jesu ist Mitte und Höhepunkt eines von Gott längst schon beschlossenen Zeitplanes. Geschichte ist Heilsgeschichte, die verschiedene Epochen durchläuft – ohne dabei jedoch ihrem Selbstlauf überlassen zu sein. Gott führt Regie, auch wenn die scheinbar souverän agierenden Machthaber davon nichts ahnen. Lukas, der ganz bewusst die Mittel der Geschichtsschreibung seiner Zeit benutzt, ist deshalb an einer möglichst genauen Zuordnung interessiert: Der geschichtliche Rahmen des römischen Reiches wird für ihn zur einzig angemessenen Bühne für die Geschichte des Gottessohnes.

Bewusst gebraucht Lukas (der eine Zeitrechnung ›v./n. Chr.‹ noch nicht benutzen kann) in seiner Erzählung sogenannte Synchronismen: »in den Tagen des Kaisers Augustus ... als Quirinius Legat in Syrien war« (Lk 2,1–2); »im fünfzehnten Jahr der Regierung des Kaisers Tiberius, als Pontius Pilatus Hegemon von Judäa war, Herodes Tetrarch von Galiläa, sein Bruder Philippus Tetrarch von Ituräa und Trachonitis, Lysanias Tetrarch von Abilene, unter dem Hohenpriesteramt des Hannas und des Kajafas ...« (Lk 3,1–2). In der Apostelgeschichte führt er einige auch außerbiblisch wohl bekannte Persönlichkeiten ein: Gallio, den Prokonsul von Achaia (Apg 18,12–17), die Prokuratoren Felix und Festus (Apg 23–26), das königliche Geschwisterpaar Agrippa und Berenike (Apg 25); in Apg 18,2 spielt er auf ein auch von dem römischen Historiker Sueton überlie-

Kaiser Tiberius (14–37 n. Chr.)

fertes Edikt des Kaisers Klaudius an. Mit alledem macht
Lukas deutlich: Die Verkündigung des Evangeliums ist
keine Provinzposse, sondern ein Ereignis von welthisto-
rischer Bedeutung. In seiner Verteidigungsrede vor Festus spricht Paulus dieses Anliegen mit Blick auf den

anwesenden König Arippa in aller Klarheit aus: »Der König versteht sich auf diese Dinge. Deshalb spreche ich auch freimütig zu ihm. Ich bin überzeugt, dass ihm nichts davon entgangen ist. Das alles hat sich ja nicht in irgendeinem Winkel zugetragen.« (Apg 26,26).

Im Detail vermag Lukas dann – wie andere antike Geschichtsschreiber auch – zeitliche Abfolgen zu verdichten oder in ihrer genauen Plazierung zu vernachlässigen. Wenn Jesus z. B. unter Herodes dem Großen und zur Zeit des syrischen Legaten Quirinius geboren sein soll, dann ergibt das ein chronologisches Problem: Herodes starb 4 v. Chr., Quirinius trat sein Amt erst 6 n. Chr. an. Auch die in Apg 5,36–37 genannten Unruhen, über die wir durch den jüdischen Historiker Flavius Josephus unterrichtet sind, haben sich zeitlich in umgekehrter Reihenfolge ereignet. Aber daran liegt dem Lukas nichts. Er ist auch als Geschichtsschreiber zuerst Verkündiger und nicht Protokollant.

Lukas und den Christen seiner Zeit geht es vor allem um eines: Die Heilsgeschichte Gottes ist kein mythisches Geschehen. Sie findet statt in Raum und Zeit und prägt als eine Art Grundstruktur die Geschichte der Völker. Sie ist nicht nur Geschichte vor und nach Christi Geburt, sondern vor allem Geschichte, die auf den kommenden Herrn zugeht.

21. Schrift und Schriften

»Siehe, die Jungfrau wird schwanger«

Die erste Bibel der Christen

Im 3. Jh. v. Chr. gab es im ägyptischen Alexandria einen König, der seinen Ehrgeiz darauf setzte, möglichst alle Bücher der Welt in seiner Bibliothek zu haben – was würden die Universitäten heute für so bildungsfreundliche Regenten geben! Zu den Büchern, die ihm noch fehlten, gehörte auch die Tora der Juden, besser als die 5 Bücher Moses bekannt. So wurden 72 Übersetzer aus Israel damit beauftragt, die heilige Schrift zu übersetzen. In siebzig Tagen hatten sie ihr Werk vollendet. Die Übersetzung erhielt daher den Namen ›Septuaginta‹, was ›70‹ bedeutet; sie wird oft auch einfach mit dem römischen Zahlzeichen ›LXX‹ bezeichnet.

Diese Erzählung aus der jüdischen Überlieferung ist eine Legende, aber sie ist an einem Punkt gewiss zuverlässig: Im dritten Jahrhundert v. Chr. begann man in Alexandria mit der Übersetzung der Mosebücher ins Griechische. Später wurden nach und nach auch die anderen biblischen Bücher übersetzt, zunächst die Geschichtsbücher und Propheten, dann auch die Lehrbücher.

Dieses Unternehmen war die erste Übersetzung eines so großen Literaturwerkes in eine andere Sprache, allein das macht die Septuaginta bedeutsam. Wichtiger ist aber etwas anderes: Denn vor allem in Gestalt dieser griechischen Bibel haben die ersten Christen die heilige Schrift gelesen. Und nur mit dieser Bibel in der damaligen Weltsprache – dem heutigen Englisch vergleichbar – trat das junge Christentum in die Weltöffentlichkeit. Die Schriftbeweise der Apostel und Evangelisten waren so nahezu allen Menschen verständlich zu machen. Man kann sogar die These wagen: Wäre Israels Bibel nicht ins Griechische übersetzt worden, hätte sich das Christentum wohl nicht über die Grenzen Israel-Palästinas hinaus verbreiten können. Die Septuaginta war also die erste Bibel der Kirche, bis andere Übersetzungen ins Lateinische oder Syrische sie ergänzten.

Nun bedeutet jede Übersetzung zugleich auch eine Auslegung oder Erklärung, eine Anpassung an die neue Sprache und ihre Denkwelt. Einige Beispiele: Für das deutsche Wort »Heimat« gibt es in anderen Sprachen

Seite des Codex Sinaiticus, einer der wichtigsten Septuaginta-Handschriften

keine Übersetzung, man muss es umschreiben. Ein Wortbild wie ›Kraut und Rüben‹ ist ebenfalls unübersetzbar, und was ein ›Broiler‹ ist, muss auch innerhalb Deutschlands gelegentlich erklärt werden. Solche Fälle finden sich auch in der griechischen Bibel. So gilt etwa im hebräischen Text von Lev 11,17 der Uhu als unreines Tier. In der Septuaginta aber findet sich an dieser Stelle nicht der Uhu, sondern der Ibis, weil er in Ägypten als heiliges Tier des Schreibergottes Thot galt. Folglich musste er für fromme Juden unrein sein. Aus dem ›Tohuwabohu‹ in Gen 1 wurde im griechischen Text ›unsichtbar und unbearbeitet‹; dies sind Begriffe aus dem Schöpfungsmythos des Philosophen Plato. Die Bibel wurde also in ein Gespräch mit der Philosophie gebracht.

Das bekannteste Beispiel für eine solche Veränderung beim Übersetzen ist wohl Jesaja 7,14, wo die hebräische Bibel nur von einer *jungen Frau*, die Septuaginta aber von der *Jungfrau* redet. (Die neueren Ausgaben der Lutherbibel teilen dies in einer Anmerkung mit.) Das ist nun aber nicht einfach ein Übersetzungsfehler, sondern ein entscheidender theologischer Gedanke. Denn die Vorstellung, dass der künftige Erlöser von einer Jungfrau geboren wird, soll ausdrücken, dass er dem normalen Lauf der Welt enthoben ist. Er ist nicht einfach ein Mensch und damit in die üblichen weltlichen Zusammenhänge verstrickt. Nein, schon von Anfang an eignet ihm etwas Übernatürliches, so dass er sicher als Gottes Gesandter zum Heil der Welt gelten kann. In dieser inhaltlichen Ausprägung haben später die Evangelisten Matthäus und Lukas die Weissagung in ihrer griechischen Bibel gelesen und in Jesus erfüllt gesehen. Vom hebräischen Text her hätte es dazu keine Veranlassung gegeben. Im Glaubensbekenntnis weist also der Satz »geboren von der Jungfrau Maria« Sonntag für Sonntag auf die Septuaginta als die erste Bibel der Kirche zurück.

»... damit erfüllt würde, was geschrieben steht ...«

Das Alte Testament im Neuen

Die christliche Gemeinde in Rom war gerade gut 100 Jahre alt, da wurde sie von einem denkwürdigen Skandal erschüttert. Marcion, ein Reeder aus Sinope, hatte sich ca. 135 der römischen Gemeinde angeschlossen und dabei auch ein reiches Geldgeschenk mitgebracht. Bald schon kam es jedoch zu theologischen Differenzen. Denn das Bemühen Marcions war darauf ausgerichtet, die christliche Verkündigung von ihren jüdischen Ursprüngen abzulösen. Das Alte Testament verwarf er komplett, und von den neuen christlichen Schriften akzeptierte er lediglich das Lukasevangelium sowie zehn Paulusbriefe – nachdem er alle alttestamentlich-jüdischen Bestandteile darin gestrichen hatte. Die römische Gemeinde schloss ihn im Jahre 144 wieder aus und gab ihm auch sein Geld bis auf die letzte Sesterze zurück.

Wenn man aus den neutestamentlichen Schriften alle Zitate und Anspielungen auf das ›Alte Testament‹ streicht, dann bleibt nichts als ein Torso zurück. Was Jesus sagt, was die Apostel und Evangelisten weitergeben, das ist tief in der Glaubensgeschichte Israels verwurzelt. Diese Geschichte bleibt im ›Neuen Testament‹ allgegenwärtig. Zahlreiche Zitationsformeln machen das deutlich: »wie geschrieben steht«, »wie die Schrift sagt«, »wie David/Jesaja/Mose sagt«, »wie das Gesetz sagt«, »wie Gott/er sagt«, »gemäß den Schriften« usw. Dabei vermochten die Hörerinnen und Hörer auch den jeweiligen Kontext der genannten Stellen zu assoziieren und hatten damit einen breiten Deutehorizont zur Hand. Ein ›Altes Testament‹ lag ihnen allerdings noch nicht vor. Sie lasen in ihren gottesdienstlichen Versammlungen ›die Schrift‹ als autoritatives Wort Gottes aus einzelnen Rollen – das heißt die Tora, die Propheten und andere Texte (Lk 24,44). Sie lasen sie nach der griechischen Übersetzung der sogenannten ›Septuaginta‹. Der Sprachgebrauch von ›Altem‹ und ›Neuem Testament‹, in 2Kor 3,14 vorgeprägt, setzte sich erst später mit der Ausbildung eines Kanons aus Evangelien, Apostelgeschichte, Briefen und Offenbarung durch.

Dabei ist der Umgang mit den Texten erstaunlich frei. Wir begegnen im Neuen Testament nicht einfach *dem* Alten Testament, sondern einer von bestimmten Absichten geleiteten und geprägten, einer *rezipierten* Gestalt des Alten Testaments. Großzügig verfahren die Autoren mit ihren Zuschreibungen – wohl deshalb, weil sie häufig aus dem Gedächtnis zitieren müssen. So wird z. B. in Mt 27,9 auf »das von dem Propheten Jeremia Gesagte« verwiesen, das Zitat stammt dann allerdings aus Sach 11,13. Immer wieder finden sich pauschale Wendungen (Mt 2,23 »das von den Propheten Gesagte«), weil die genaue Identifizierung gerade nicht möglich ist, oder es kommt zur Bildung sogenannter ›Mischzitate‹, die Aussagen von verschiedenen Stellen zusammenziehen (z. B. Lk 4,18 aus Jes 61,1/58,6). Vielleicht hat man auch hin und wieder Zitatensammlungen benutzt (z. B. Röm 3,10–18?); in Qumran sind immerhin solche ›Florilegien‹ zum exegetischen Gebrauch gefunden worden. Vor allem aber weicht der konkrete Wortlaut immer wieder von dem ab, den wir heute in unseren wissenschaftlichen Ausgaben des hebräischen und griechischen Alten Testamentes vorfinden.

Diese Freiheit im Schriftgebrauch hängt u.a. auch damit zusammen, dass der ›Kanon‹ des Alten Testamentes im 1. Jh. n. Chr. noch nicht fertig ist. Die griechische Septuaginta enthält einige zusätzliche Schriften, die sich in der hebräischen Sammlung nicht finden. Im Neuen Testament zitiert Jud 14–15 darüber hinaus eine Weissagung, die in dem erst im 19. Jh. in Äthiopien wiederentdeckten, einstmals aber weitverbreiteten ›Henochbuch‹ steht. 1Kor 2,9 beruft sich auf ›die Schrift‹, ohne dass dieses Zitat biblisch oder außerbiblisch überhaupt nachgewiesen werden könnte – ist die entsprechende Quelle verloren gegangen? Auch die Auslegungstradition der alttestamentlichen Schriften wirkt in ihre Rezeption herein. Paulus weiß z. B. in Gal 4,29 zu berichten, dass Ismael den Isaak verfolgt habe. Davon ist im 1. Buch Mose nichts zu lesen – wohl aber bei verschiedenen jüdischen Auslegern, deren Interpretation Paulus offensichtlich kannte.

Das unablässige Gespräch zwischen den Boten des Auferstandenen und den Glaubenszeugen Israels hat eine wichtige theologische Funktion: Es macht die Kon-

Bücherschrank mit Evangelien, Ravenna

Frau mit Schriftrollen und Codex, römische Katakomben 4. Jh.

tinuität im Heilshandeln Gottes sichtbar. Matthäus
bringt das in der prägnanten Formulierung seiner sogenannten ›Erfüllungszitate‹ zum Ausdruck: »Das alles
aber geschah, damit erfüllt würde, was gesagt ist durch
...« (Mt 1,22 u. ö.). Was mit Jesus Christus beginnt, ist bei
Gott längst schon vorgesehen. Die frühe Christenheit

begriff deshalb die Botschaft von der Auferstehung nicht als Bruch mit ihrer bisherigen Glaubenstradition. Sie versuchte vielmehr die Ostererfahrung im Licht ›der Schriften‹ als dem einzig angemessenen Bezugsrahmen zu verstehen und zu interpretieren. Nach Lukas leistet der Auferstandene selbst in exemplarischer Weise die ›Anschubexegese‹: Auf dem Weg nach Emmaus legt er seinen Anhängern »das über ihn in allen den Schriften (Gesagte) aus, angefangen bei Mose und allen Propheten« (Lk 24,27); in der folgenden Nacht, im Jüngerkreis »öffnete er ihnen ganz den Sinn, die Schriften zu verstehen.« (Lk 24,45).

Die vielfältigen Vernetzungen zwischen beiden Testamenten gehören also zum Wesen des christlichen Glaubens. Marcion war auf dem Holzweg.

21. Luther & Co.

»Gottes Wort bleibt in Ewigkeit«

Welche Bibel ist die beste?

Wer in einer Buchhandlung eine Bibel kaufen will, hat meist die Qual der Wahl. Eine Kinderbibel? Für die Allerkleinsten gar, fast ohne Text? Oder die neuen, coolen Bibelcomics, gerne auch auf CD-ROM? Oder zum runden Geburtstag ein seriöses Geschenk? Dann wäre vielleicht die Prachtbibel mit Bildern von Chagall das Richtige? Oder etwas Älteres? Luthers Bibel von 1546? Oder gar ein Gutenberg-Faksimile? Oder, oder, oder?

Die Bibel ist ein Bestseller, noch immer. Doch sie wird deutlich seltener gelesen als gekauft. Untersuchungen gehen sogar davon aus, dass die am häufigsten gelesenen Bibeln die Kinder- und Vorlesebibeln sind. Manche Verlage machen daraus ein Geschäft und preisen ihre Kinderbibeln gezielt auch bei Erwachsenen an. ›Bibel-light‹ als Zukunftsmodell?

Hinter diesen Eingangsüberlegungen verbergen sich ernste Fragestellungen. Denn viele Menschen finden keinen Zugang mehr zur Sprache der Bibel, zu ihrer Denkwelt und zu ihren Bildern. Liegt das nicht auch an den Übersetzungen? Jede deutsche Bibel ist ja eine Übersetzung des hebräischen und griechischen Originals; gegenwärtig sind über 30 verschiedene hochdeutsche Bibelübersetzungen erhältlich. Welche nun ist die beste? Welche kann die fremde Sprache, die fremde Bildwelt am besten wiedergeben?

Die Antwort mag manchen schnell einfallen: Luthers Bibel ist natürlich die beste! Doch die richtige Antwort ist auf andere Weise einfach: Keine Bibel ist die beste! Jede Übersetzung ist ja immer auch Auslegung und Interpretation. Eine Interpretation wiederum ist abhängig von der Sprach- und Denkwelt des Auslegers. Ist er oder sie jung oder alt, evangelikal oder liberal? Ist es eine in klassischer Literatur gebildete Frau, oder ein Comics lesender Mann? Ist sie katholisch oder evangelisch? Kommt er aus Schwaben, Sachsen oder Mecklenburg?

Alle diese Faktoren bestimmen eine Übersetzung mit, von Wortwahl und Satzbau bis hin zu theologischen Entscheidungen. So berichtete etwa ein Übersetzer, der die Bibel in einen Eskimo-Dialekt übertragen sollte, dass er beim besten Willen kein Eskimo-Wort für »Lamm Gottes« finden konnte, weil es dort eben keine Schafe gibt. So wählt er das Wort für »Seehundbaby«, um an die Weichheit und Schutzbedürftigkeit eines Lammes anzuspielen. Ob diese Übersetzung wirklich gelungen ist, sei dahingestellt, denn immerhin fehlt ja der theologisch wichtige Aspekt des Opfers völlig. Doch das Beispiel zeigt deutlich die Schwierigkeiten der Bibelübersetzung in fremde Kulturkreise.

Die Übersetzer stellen weitere Überlegungen an: Für welche Gruppe übersetze ich? Gebildete oder kaum belesene Menschen? Schüler, Jugendliche, Akademiker? Soll man Bilder in die Bibel aufnehmen, Fußnoten zur Verdeutlichung setzen, erläuternde Einleitungen verfassen? Welche Sprachqualität soll man verwenden? Alltagssprache oder Gelehrtensprache? Kann man die Texte dann auch im Gottesdienst vorlesen, oder eignen sie sich nur zum Selbststudium?

Alle erhältlichen Bibelausgaben gehen Kompromisse bei der Beantwortung dieser Fragen ein. Grob gesagt, kann man die eher wörtlich orientierten Übersetzungen

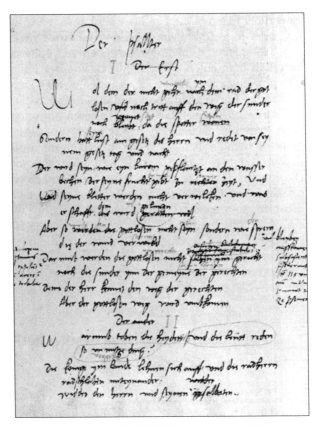

*Martin Luthers handschriftliche Übersetzung von Ps 1
mit eigenen Korrekturen*

(Elberfelder, Zürcher, auch Buber/Rosenzweig) von solchen unterscheiden, die mehr Rücksicht auf eine ver-
ständliche Sprache legen (Luther, Einheitsübersetzung).
Noch weiter in Richtung Alltagssprache gehen Übersetzungen wie die »Gute Nachricht« oder »Hoffnung für
alle«. Daneben gibt es noch Übersetzungen, die eher

Nachdichtungen biblischer Texte sind, etwa von Walter
Jens oder Jörg Zink. Beim Bibellesen ist es oft außeror-
dentlich spannend, mehrere Ausgaben zu vergleichen.
So erhält man einen guten Eindruck von der Fülle an
Möglichkeiten, wie der Text verstanden werden kann.

Kinder- und Jugendbibeln sind in der Regel nicht aus
den Urtexten übersetzt, sondern basieren auf anderen
deutschen Bibeln. Hier ist der Akzent ganz auf die kind-
gerechte Verständlichkeit gelegt, die dann noch durch
Bilder erhöht wird. Doch gerade weil Bilder sich so gut
einprägen, ist beim Kauf besonderes Nachdenken wichtig. Denn die Botschaft der Bibel sollte zwar verständlich sein, aber nicht banalisiert werden – dafür gibt es
eine Fülle abschreckender Beispiele. So gesehen ist es
gut, dass man beim Kauf die Wahl hat, um die für sich
richtige Bibel zu finden. Denn das spätere Lesen sollte
keine Qual sein, sondern den bestmöglichen Zugang
zur Botschaft ermöglichen.

»Liebe Brüder!« oder »Liebe Geschwister!«

Übersetzung als Interpretation

»Am Anfang war das Wort.« Oder der Sinn? Oder die
Kraft? Oder die Tat? J. W. Goethe lässt seinen Doktor
Faust am Beispiel von Joh 1,1 vorführen, welche Probleme sich bei der Übersetzung eines Textes einstellen können. Wie soll man den griechischen Begriff ›Logos‹ übertragen? Neben der Hauptbedeutung ›Wort‹ gibt es noch
eine ganze Reihe weiterer Bedeutungsmöglichkeiten.
Faust: »Ich kann das Wort so hoch unmöglich schätzen,
ich muss es anders übersetzen.« Der Übersetzer bringt
seine Lebenswelt in den Übersetzungsvorgang ein. Eine
mechanische Umwandlung von der einen in die andere

Sprache gibt es nicht. Übersetzen ist ein kreativer, theologisch hoch brisanter Vorgang.

Das kann zunächst eine Frage des Stils sein. »Sintemal sichs viel unterwunden haben zu stellen die Rede von ...« (Lk 1,1) – so wie in Luthers Übersetzung aus dem Jahre 1545/46 spricht heute natürlich kein Mensch mehr. Hier bedarf es nur der schlichten Angleichung an den gegenwärtigen Sprachgebrauch. Spannend wird es da, wo durch Übersetzungsvarianten auch theologische Akzentverschiebungen erfolgen. So hat Luher z. B. in Röm 3,28 seinem deutschen Text über die griechische Vorlage hinaus noch das Wörtchen ›allein‹ eingefügt: »So halten wir nun dafür, dass der Mensch gerecht wird ohne des Gesetzes Werke, *allein* durch den Glauben.« Er war sich dessen wohl bewusst. Den ›Eseln und Buchstabilisten‹, die ihn deswegen kritisierten, entgegnete er kategorisch: »Doktor Martinus Luther wills also haben« – freilich nicht, ohne dann auch die sachlichen und sprachlichen Argumente nachzuliefern. Immerhin hat die Generation nach Luthers Tod an die theologische Bewältigung dieses ›allein‹ noch viel Schweiß und Streit verwendet.

Die Welt der neutestamentlichen Autoren war eine andere als die unsrige. Sie selbst lebten wiederum im Spannungsfeld verschiedener Kulturen. Wenn Paulus z. B. das griechische Wort ›Nomos‹ gebraucht, dann wissen seine Gemeinden in Galatien oder Rom sehr wohl, was er meint – nämlich die ›Tora‹, die Weisung Gottes, die vor allem in den fünf Büchern Mose Gestalt gewonnen hat. Im griechischen Sprachgebrauch ist ›Nomos‹ aber vor allem ›Gesetz‹, die Ordnungsmacht, die dieser Welt innewohnt, sowie jedes Regelwerk, das darauf Bezug nimmt. Wir denken heute bei ›Gesetz‹ viel eher an so etwas wie das Bürgerliche Gesetzbuch. Sollten wir nicht besser ›Nomos‹ mit ›Tora‹ wiedergeben? Paulus nennt sich in seinen Briefen immer wieder ›Knecht Christi‹ – so steht es zumindest in den meisten deutschen Übersetzungen. Aber der griechische Text bietet dort ›doulos‹, und das heißt ›Sklave‹. Der Sklave ist rechtlos, er befindet sich in der völligen Verfügungsgewalt seines Herrn. Das Wort ›Knecht‹ lässt in Deutschland an das arbeitsame Gesinde von Großbauern vergangener Jahrhunderte denken. Paulus aber will seine Abhängigkeit von Christus ausdrücken. Das steht in einem ganz anderen sozialgeschichtlichen Kontext.

Mann mit Schriftrolle, Dura Europos, 3. Jh.

In der Apostelgeschichte begegnet uns Paulus als redegewandter Prediger. »Männer, Brüder!«, »Israeliten, Gottesfürchtige!«, »Brüder, Söhne aus Abrahams Geschlecht und Gottesfürchtige!« – so oder ähnlich spricht er immer wieder sein Publikum an. Frauen scheint es da überhaupt nicht zu geben. Im Nachgang werden dann aber häufig auch Frauen erwähnt, die sich der Evangeliumsverkündigung ebenso öffnen wie die Männer. In den Gemeinden, an die Paulus schreibt, spielen Frauen im Gottesdienst eine aktive Rolle und sind selbstredend

Mädchen mit Bibel, Leipzig, 2003

am Gemeindeaufbau beteiligt. Aber Paulus und Lukas leben in einer patriarchalen Welt, die Frauen weitgehend unsichtbar macht. Das schlägt sich vor allem sprachlich nieder. Ist es dann nicht sachlich geboten, die einseitig maskuline Anrede zu erweitern – denn natürlich gilt das, was da gesagt wird, allen. Also: »Liebe Geschwister!«, statt »Liebe Brüder!«; »Kinder Gottes«, statt »Söhne Gottes«. Damit ist das Problem aber noch längst nicht erschöpft. Es fängt erst an.

In den letzten Jahren ist das Projekt einer Bibelübersetzung in ›gerechter Sprache‹ entstanden. Es knüpft an Erfahrungen an, die in Amerika schon mit der so genannten *inclusive language* gemacht worden sind. Gerecht bedeutet dabei zweierlei: Die Sprache unserer Übersetzungen muss einerseits dem Text, andererseits aber auch unserer Lebenswirklichkeit ›gerecht werden‹. Beides gehört zusammen. Unsere Lebenswirklichkeit ist heute gegenüber früheren Jahrhunderten z. B. durch eine neue Aufmerksamkeit für die Gemeinschaft von Juden und Christen oder die Gleichberechtigung von Frauen und Männern bestimmt. Auf diesen Feldern unternimmt das Projekt seine ersten Schritte.

Solange sich Sprache, Denken und Umwelt verändern, bleibt auch die Übersetzung der Bibel ein offener, unabgeschlossener Prozess. Die Vielfalt der Versuche fordert dazu heraus, genau und aufmerksam zu lesen und sich nie mit dem einmal Verstandenen zu begnügen.

Nachwort/Literaturhinweise

Die einzelnen Kapitel dieses Büchleins wollen Einblicke gewähren: Blicke hinter die Kulissen der theologischen Forschung an der Bibel; Einsichten in die Problemstellungen, mit denen sich die biblischen Texte auseinandersetzen; Einblicke in das Zusammenwachsen der einzelnen Stoffe zu der Bibel, die wir heute vor uns haben. Sie können jedoch weder ein Gesamtbild von der Bibel und ihrer Entstehung vermitteln, noch die eigene Lektüre biblischer Texte ersetzen.

Allerdings ist es oft schwierig, sich verlässliche Informationen zu verschaffen. Gerade das noch immer vorhandene Interesse an der Bibel erzeugt auch unseriöse, sensationshaschende Literatur, vom »Bibel-Code« bis zur »Verschlußsache Jesus«. Hinzu kommt, dass die wissenschaftliche Literatur zur Bibel nahezu unübersehbar ist. Im folgenden haben wir daher einige ausgewählte Titel zusammengestellt, die Laien den Zugang zur Bibel erleichtern sollen. Kriterium war dabei die gute Verständlichkeit oder der hohe Gebrauchswert der Bücher.

Bibelausgaben

Am Anfang jeder Beschäftigung mit der Bibel sollte die Entscheidung für eine Bibelübersetzung stehen – am besten auch für eine zweite, um Unterschiede der Übersetzer zu bemerken.

Die klassische Bibel im deutschsprachigen Raum ist noch immer die auf *Martin Luther* zurückgehende Übersetzung, die aktuell in der Revision von 1984 vorliegt. Auch ältere Ausgaben sind noch erhältlich. Die ›Luther-bibel‹ zeichnet sich durch ihre besondere Sprachgewalt aus, dies geht an manchen Stellen auf Kosten der Wört-lichkeit der Übersetzung.

Eine besonders genaue und wortgetreue Überset-zung ist die *Elberfelder Bibel*, deren Text oft fremd wirkt. Sie eignet sich gut als ›Gegenprobe‹ zur Lutherbibel.

Die *Einheitsübersetzung* ist die offizielle katholische Bibelübersetzung; im Bereich der Psalmen und des Neu-en Testaments ist sie als ökumenischer Text anzusehen. Sie enthält auch die Spätschriften des Alten Testaments wie Jesus Sirach oder die Makkabäerbücher. Da diese Bibel von verschiedenen Teams übersetzt wurde, variie-ren Sprachgestalt und Texttreue zwischen den Büchern. Besonders empfehlenswert ist die Ausgabe mit den Anmerkungen der *Jerusalemer Bibel*, die viele wichtige Hinweise zum Verständnis der Texte gibt.

In einer Phase der Überarbeitung befindet sich ge-genwärtig die *Zürcher Bibel*, die stärker an wortgetreuer Übersetzung orientiert ist als die Lutherbibel. Der Text der derzeit immer noch aktuellen vollständigen Ausga-be stammt von 1931.

Wer einen Eindruck vom Sprachklang der hebräi-schen Bibel haben möchte, sei auf die ›Verdeutschung‹ der Schrift von M. Buber und F. Rosenzweig hingewie-sen. Hier werden der Klang der hebräischen Sprache und die Zusammenhänge des biblischen Vokabulars so weit wie möglich ins Deutsche übertragen – was häufig merkwürdige, immer aber anregende Texte erzeugt.

Verständnishilfen

Das Verstehen der biblischen Texte wird oft dadurch erschwert, dass das Wissen um Lebensbedingungen, politische, historische oder geographische Gegebenheiten vorausgesetzt wird, das durch allgemeine Nachschlagewerke kaum abgedeckt wird. Hier gibt es bewährte Hilfsmittel.

1. Altes Testament

Karten

Über die Landkarten hinaus, die sich am Ende fast jeder Bibelausgabe finden, ist ein Bibelatlas empfehlenswert, in dem sich – nach Epochen geordnet – die in den Texten erwähnten Ortsnamen, Gebiete und Völkerschaften finden lassen. Besonders bewährt hat sich der *Stuttgarter Bibelatlas*, Stuttgart 1998.

Als gelungene Verbindung von geographischen Angaben und archäologischen Funden zur Lebenswelt der Bibel ist der Bildatlas von *Thomas Staubli*, Biblische Welten, Stuttgart 2000 zu empfehlen.

Lexika

An interessierte Laien wendet sich das einbändige Bibellexikon, das knapp, aber zuverlässig informiert: *Reclams Bibellexikon*, Stuttgart [5]2000.

Wer vertiefte Informationen über den jeweils aktuellen Forschungsstand sucht, sei auf folgendes dreibändiges Lexikon hingewiesen, das in vielen Bibliotheken vorhanden ist: *Neues Bibellexikon*, hg. von M. Görg und B. Lang, Düsseldorf/Zürich 1991–2000.

Für schnelle Informationen über Personen und Völker der Bibel ist außerdem zu empfehlen: *H. Schmoldt*, Kleines Lexikon der biblischen Eigennamen, Stuttgart 1990.

Eine optische Orientierung über die Geschichte der alt- und neutestamentlichen Zeit und historische Basisinformationen vermittelt folgendes Plakat, zu dem auch ein Begleitheft erschienen ist: *Zeittafel zur biblischen Geschichte*, Stuttgart 2003.

Über solche Nachschlagewerke hinaus sind folgende Bücher als Überblicksdarstellungen zum Alten Testament bewährt:

Bibelkundliche Orientierungen, ein Überblick über die Geschichte Israels und Darstellungen aktueller Forschungstrends finden sich bei: *M. Albani/M. Rösel*, Altes Testament, Stuttgart 2002.

Deutlich ausführlicher, mit einer Fülle von Abbildungen, dient dem selben Zweck: *T. Staubli*, Begleiter durch das Erste Testament, Düsseldorf ²1999.

In die Lebensbedingungen des alttestamentlichen Israel führt ein: *E. A. Knauf*, Die Umwelt des Alten Testaments, Stuttgart 1994.

Den aktuellen Forschungsstand fasst – eher für Fachleute – zusammen: *E. Zenger* u. a., Einleitung in das Alte Testament, Stuttgart 1995 und Folgeauflagen.

Einen anderen Zugang über einzelne Personen der Bibel bietet die bei der Evangelischen Verlagsanstalt erscheinende Reihe: *Biblische Gestalten*, hg. von R. Lux und Chr. Böttrich, Leipzig seit 2001. Inzwischen sind erschienen: Noah, Joseph, Saul, Petrus, Johannes der Täufer, Herodes und Maria.

2. Neues Testament

Auf wenig Raum bietet folgendes Taschenbuch eine gute Übersicht über die neutestamentlichen Schriften, ohne sich in Fachdiskussionen zu verlieren: *J. Roloff*, Einführung in das Neue Testament, Stuttgart 1995.

Ein Maximum an Information verbindet mit einem Minimum an Umfang dieses Buch, das man mit Gewinn selbst in der Straßenbahn lesen kann: *G. Theißen*, Das Neue Testament, München 2002.

Für alle, die an der wissenschaftlichen Diskussion um Entstehung und Eigenart der neutestamentlichen Schriften interessiert sind, präsentiert sich als ein Standardwerk: *U. Schnelle*, Einleitung in das Neue Testament, Göttingen ³1999.

Um Grundinformationen in Gestalt eines Lehrbuches geht es bei dem folgenden Titel. Er genügt einem hohen wissenschaftlichen Anspruch und bleibt zugleich einfach und verständlich: *K.-W. Niebuhr* (Hg.), Grundinformation Neues Testament. Eine bibelkundlich-theologische Einführung, Göttingen 2000.

Für eine Erstbegegnung mit dem Neuen Testament, sie sich ausgezeichnet durch Anschaulichkeit, Übersichten, Querschnitte und Bilder, ist besonders geeignet: *E. Charpentier*, Führer durch das Neue Testament. Anleitung zum Selbst- und Gruppenstudium, Düsseldorf, ⁷1997.

Die gesamte Alltagswirklichkeit im Judentum zur Zeit des 1. Jh.s führt lebendig und anregend vor Augen: *M. Tilly*, So lebten Jesu Zeitgenossen. Alltag und Frömmigkeit im antiken Judentum, Mainz 1997.

Der Einsatz von Computern setzt sich auch bei der Beschäftigung mit der Bibel immer weiter durch. Zum einen kann man sehr bequem die Bibel nach einzelnen Stichwörtern durchsuchen und die Bibeltexte ausdrucken. Zum anderen lassen sich die biblischen Stoffe mit historischen Informationen vernetzen, so dass das Verständnis deutlich erleichtert wird. Vier verschiedene Bibelausgaben (die auch einzeln zu erwerben sind) enthält die *Quadro-Bibel* der Deutschen Bibelgesellschaft (für

Windows). Sie ist Teil einer Textbibliothek mit Namen »Bibel Digital«, die um verschiedene andere Textausgaben und Hilfsmittel erweitert werden kann.

Dazu zählt auch die *Elektronische Bibelkunde* von M. Rösel/K. M. Bull, die ausser der Lutherbibel und Texten zur Bibelkunde auch einen vollständigen Bibelatlas und eine Fülle von Abbildungen enthält (Stuttgart 2001). Dieses Programm ist auch allein lauffähig.

Ebenfalls neuartig ist die *1000-Bilder-Bibel*, die neben der Lutherbibel historisch-archäologische Sachzeichnungen bietet, welche Textdetails (etwa Gebäude, Pflanzen, Geräte) visualisieren (Stuttgart 2003).

Abkürzungsverzeichnis der biblischen Bücher

(nach den »Loccumer Richtlinien«)

Altes Testament

Gen	Genesis = 1. Buch Mose
Ex	Exodus = 2. Buch Mose
Lev	Levitikus = 3. Buch Mose
Num	Numeri = 4. Buch Mose
Dtn	Deuteronomium = 5. Buch Mose
Jos	Buch Josua
Ri	Buch der Richter
Rut	Buch Rut
1Sam	1. Buch Samuel
2Sam	2. Buch Samuel
1Kön	1. Buch der Könige
2Kön	2. Buch der Könige
1Chr	1. Buch der Chronik
2Chr	2. Buch der Chronik
Esra	Buch Esra
Neh	Buch Nehemia
Tob	Buch Tobit [griech.]*
Jdt	Buch Judit [griech.]*
Est	Buch Ester [+ griech. Zusätze*]
1Makk	1. Buch der Makkabäer [griech.]*
2Makk	2. Buch der Makkabäer [griech.]*
Ijob	Buch Ijob/Hiob
Ps	Buch der Psalmen
Spr	Buch der Sprichwörter
Koh	Buch Kohelet = Prediger Salomo
Hld	Hoheslied Salomos

Weish	Buch der Weisheit Salomos [griech.]*
Sir	Buch Jesus Sirach [griech.]*
Jes	Buch Jesaja
Jer	Buch Jeremia
Klgl	Klagelieder Jeremias
Bar	Buch Baruch [griech.]*
Ez	Buch Ezechiel
Dan	Buch Daniel [+ griech. Zusätze*]
Hos	Buch Hosea
Joël	Buch Joël
Am	Buch Amos
Obd	Buch Obadja
Jona	Buch Jona
Mi	Buch Micha
Nah	Buch Nahum
Hab	Buch Habakuk
Zef	Buch Zefanja
Hag	Buch Haggai
Sach	Buch Sacharja
Mal	Buch Maleachi

Neues Testament

Mt	Evangelium nach Matthäus
Mk	Evangelium nach Markus
Lk	Evangelium nach Lukas
Joh	Evangelium nach Johannes
Apg	Apostelgeschichte des Lukas
Röm	Brief an die Römer
1Kor	1. Brief an die Korinther
2Kor	2. Brief an die Korinther
Gal	Brief an die Galater
Eph	Brief an die Epheser
Phil	Brief an die Philipper
Kol	Brief an die Kolosser
1Thess	1. Brief an die Thessalonicher

2Thess	2. Brief an die Thessalonicher
1Tim	1. Brief an Timotheus
2Tim	2. Brief an Timotheus
Tit	Titus
Phlm	Brief an Philemon
Hebr	Brief an die Hebräer
Jak	Brief des Jakobus
1Petr	1. Brief des Petrus
2Petr	2. Brief des Petrus
1Joh	1. Brief des Johannes
2Joh	2. Brief des Johannes
3Joh	3. Brief des Johannes
Jud	Brief des Judas
Offb	Offenbarung des Johannes

Die mit * markierten Schriften bezeichnen die so genannten »Apokryphen« des Alten Testaments.

Biblische Gestalten
Lebendig gezeichnet und theologisch fundiert

Paperback, 288 Seiten
ISBN 3-374-01849-1

Paperback, 296 Seiten
ISBN 3-374-01848-3

Paperback, 250 Seiten
ISBN 3-374-01912-9

Paperback, 320 Seiten
ISBN 3-374-01932-3

Paperback, 376 Seiten
ISBN 3-374-01945-5

Paperback, 244 Seiten
ISBN 3-374-02044-5

Paperback, 232 Seiten
ISBN 3-374-01993-5

 EVANGELISCHE VERLAGSANSTALT
Leipzig

www.eva-leipzig.de

Biblische Gestalten

Georg Hentschel
Saul
Schuld, Reue und Tragik
eines „Gesalbten"

Paperback, 244 Seiten
ISBN 3-374-02044-5

Die biblische Erzählung von Saul ist gekennzeich-
net von einem wahren Wechselbad der Gefühle:
Eben der bejubelte König und kurze Zeit später
der Verworfene, der dem jungen, strahlenden
David weichen muss.

Der Autor liefert mit diesem Band der bekannten
Reihe eine kenntnisreiche Einführung in die altte-
stamentliche Überlieferung und zeichnet das
lebendige Bild einer tragischen und facettenreichen
Gestalt der Bibel.

EVANGELISCHE VERLAGSANSTALT
Leipzig

Die Evangelisten

Peter Spangenberg
Das heilige Quartett
Den Evangelisten über die
Schulter geschaut

Paperback, 184 Seiten
ISBN 3-374-02064-X

Was wissen wir eigentlich über Matthäus, Markus,
Lukas und Johannes?
Das Buch erzählt tiefsinnig und unterhaltsam aus
dem Leben der vier Autoren der Evangelien. Unter
welchen Umständen schrieben sie, wie lebten sie,
hatten sie Familien und wovon bestritten sie ihren
Lebensunterhalt?

Vier Erzählungen über die unbekannten Bestseller-
autoren des Neuen Testaments.

EVANGELISCHE VERLAGSANSTALT
Leipzig

www.eva-leipzig.de